MAGIC MISSILE

神奇导弹 现代战争主兵器

Top Gun Of Modern Warfare

VII

丛书策划　李俊亭

丛书主编　丁　宁　游　云　编著　李俊亭

国防工业出版社
National Defense Industry Press

图书在版编目（CIP）数据

神奇导弹：现代战争主兵器 / 李俊亭编著 .-- 北京：
国防工业出版社，2024.1
（武器装备知识大讲堂丛书）

ISBN 978-7-118-13103-1

Ⅰ . ①神… Ⅱ . ①李… Ⅲ . ①导弹—世界—普及读物
Ⅳ . ① E927-49

中国国家版本馆 CIP 数据核字（2023）第 244687 号

神奇导弹：现代战争主兵器

责任编辑　刘汉斌

出版　国防工业出版社（北京市海淀区紫竹院南路 23 号　邮政编码 100048）
印刷　雅迪云印（天津）科技有限公司印刷
经销　新华书店
开本　710mm×1000mm　1/16
印张　21
字数　370 千字
版次　2024 年 1 月第 1 版第 1 次印刷
印数　1—6000 册
定价　85.00 元

（本书如有印装错误，我社负责调换）

国防书店：（010）88540777　书店传真：（010）88540776
发行业务：（010）88540717　发行传真：（010）88540762

CONTENT ABSTRACT
内容简介

本书以追溯导弹的起源开篇,以翔实的史料和讲故事的形式,生动形象地介绍了弹道导弹、巡航导弹、反舰导弹、防空导弹、空地导弹、空空导弹、反坦克导弹的发展历程,揭示了导弹技术的奥秘和发展趋势,荟萃导弹在多次局部战争、武装冲突及俄乌战争中的典型战例,带你感受神奇导弹的力量之美。

本书适合广大青少年、兵器爱好者、军事爱好者,以及关心国防事业的读者阅读和收藏。

开场白 Prologue

　　导弹是"导向性飞弹"的简称,是一种携带战斗部、依靠自身动力装置推进、由制导系统导引控制飞行航迹的飞行器。现代导弹诞生于20世纪三四十年代的德国,第二次世界大战后快速发展,20世纪70年代以后进入了一个全新的发展阶段。追根溯源,导弹与中国古代发明的火药和火箭密切相关。中国火箭技术在13世纪传入阿拉伯地区和欧洲后,历经数百年,逐步演变为对战争模式产生巨大影响的高技术武器。以现代火箭技术为基础的导弹,在第二次世界大战中初试锋芒,战后快速发展,形成了不同类型、不同发射平台、不同发射方式、不同作战用途的庞大导弹家族。导弹的使用,使战争的突然性和破坏性增大,规模和范围扩大,作战进程加快,从而改变了过去常规战争的时空观念,给战略战术也带来巨大而深远的影响。

　　导弹的种类繁多,有多种分类方式:(1)按战斗部装药,可分为装普通炸药的常规导弹和核装药的核导弹。(2)按作战任务的性质,可分为打击战略目标的战略导弹和打击战役战术目标的战术导弹。(3)按推进剂的物理状态,可分为固体推进剂导弹和液体推进剂导弹。(4)按飞行方式,可分为弹道导弹和巡航导弹。其中主动段按预定弹道飞行,发动机关机后按自由抛物体轨迹飞行，再入段仍按自由抛物体轨迹飞行或机动飞行的为弹道导弹；主要以巡航状态在大气层内飞行的有翼导弹为巡航导弹。(5) 按攻击的目标，可分为反坦克导弹、反舰导弹、反潜导弹、反飞机导弹、反雷达导弹、反弹道导弹、反卫星导弹等。(6) 按搭载平台，可分为单兵便携导弹、车载导弹、机载导弹、舰载导弹等。(7) 按发射点与目标位置的关系，可分为地地导弹、地空导弹、空地导弹、空空导弹、空舰导弹、空潜导弹、舰舰导弹、舰潜导弹、舰空导弹、潜地导弹、潜潜导弹、潜空导弹、岸舰导弹等。(8) 按射程，可分为近程、中程、远程和洲际导弹。

导弹是国防现代化的重要标志，在现代战争中被广泛使用，已经成为世界各人军事强国最重要的武器之一。本书图文并茂、语言凝练活泼、故事真实生动，力求使读者在轻松愉快的阅读旅程中对"神奇导弹"有一个全面理性深入的认识，从而引起读者对国防和军事的关注和兴趣。

编者
2023 年 11 月

CONTENTS 目录

1 追根溯源——从火箭到导弹 / 01

逐梦星空——先驱者的探索 / 01
巡航导弹鼻祖——V-1 导弹 / 08
纳粹黑科技的结晶——V-2 导弹 / 13

2 长剑啸天——战术弹道导弹 / 26

昔日红色重锤——苏联早期弹道导弹 / 28
冷战神器——美国三代弹道导弹 / 33
毁灭边缘——古巴导弹危机 / 50
战术弹道导弹的经典——"飞毛腿" / 58
"穷人的原子弹"——战术弹道导弹的扩散 / 65
美国新一代战术弹道导弹——"陆军战术导弹系统" / 72
俄罗斯手中的"王牌"——"伊斯坎德尔" / 79
"东风"起舞震寰宇,开路先行钱学森 / 87

3 大国重器——战略弹道导弹 / 96

地面发射——第一代地地战略弹道导弹 / 97
地下井发射——第二代地地战略弹道导弹 / 102
多弹头突防——第三代地地战略弹道导弹 / 106
分导式弹头——第四代地地战略弹道导弹 / 109
小型化和机动化——第五代地地战略弹道导弹 / 114

■ 试看倚天长剑，前世今生，啸傲苍穹！敢问国之重器，神奇武功，谁与争锋？

终极核威慑——核潜艇横空出世 / 120
北极熊"撒手锏"——苏联潜射弹道导弹 / 132
"水下重剑"——法国、英国的潜射弹道导弹 / 144
"巨浪"1号——中国第一种潜射弹道导弹 / 156

4 开路先锋——巡航导弹 / 162

踹门"打手"——"沙漠风暴"中的"战斧" / 164
群雄逐鹿——欧亚诸国竞相研发的巡航导弹 / 169

5 舰艇克星——反舰导弹 / 172

"冥河"发威——小艇吃掉大舰 / 174
首战即巅峰——马岛之战中的"飞鱼" / 178
掠海神矛——"捕鲸叉"点燃"草原烈火" / 184
中国"飞鱼"——C801 反舰导弹 / 189

6 长空利剑——防空导弹 / 194

倔强的"萨姆"，不死的"老兵" / 195
"英雄营"长缨在手，千里奔袭"射天狼" / 211
海湾战争经典一幕——"爱国者"大战"飞毛腿" / 220
"北极熊"的利爪——俄罗斯战略防空系统 / 224

CONTENTS 目录

各有千秋——以色列、欧洲、中国的防空导弹 / 233
士兵手中的神箭——便携式防空导弹 / 239

7 空中突击——空地导弹 / 246

"撒野"中东——海湾战争中的"幼畜" / 247
"百步穿杨"——"斯拉姆"两弹穿一洞 / 249
"产品305"——俄罗斯新型空地导弹 / 251
专挖"眼睛"——反辐射导弹 / 255

8 空战利器——空空导弹 / 264

仿生学杰作——"响尾蛇"导弹 / 266
贴身袖箭——中国"霹雳"导弹 / 275
莫邪神剑——中程空空导弹 / 282
截杀"幽灵"——远程空空导弹 / 294

9 坦克杀手——反坦克导弹 / 300

有线制导——第一代反坦克导弹 / 301
红外半自动制导——第二代反坦克导弹 / 307
"发射后不管"——第三、四代反坦克导弹 / 314

追根溯源——从火箭到导弹

导弹与火箭犹如一对有着血缘关系的兄弟,都是依靠火箭发动机向后喷射工质产生反作用力推进的飞行器。火箭是一种运载工具,装上弹头便成为火箭弹,再配置制导系统即成为导弹。

导弹是现代战争广泛使用的武器。若追根溯源,则不能不从中国古代发明的喷气火箭讲起。

逐梦星空 —— 先驱者的探索

公元 8 世纪，唐代的炼丹道士意外发明了火药。火药最初用于玩赏——制造鞭炮，节日增加气氛。北宋后期，民间开始流行两种能自动高飞的玩具：一种称为"流星"，后称"起火"；另一种称为"两响"，都是利用了火药燃气的反作用力。从工作原理来看，"起火""两响"一类的烟花就是世界上最早用于玩赏的火箭。

利用喷气反作用力将箭镞射出的原始军用火箭，发明于南宋末年。到了明代，火箭开始用于战场，并被视为"军中利器"。火箭一般由战斗部（各种箭镞）、动力部和箭体（箭杆）组成。其中，动力部为火箭的关键技术，是绑缚在箭体上的火药筒。它的构造虽然很简单，但就其原理和结构而言，已经是现代火箭的雏形。

各国科技界都公认中国是火箭的故乡。月球背面的一个环形山，曾被苏联科学家命名为"万户山"，就是为了纪念中国明朝的一位名叫万户的中国人。

万户飞天

万户多年醉心于火箭研制，进行了大胆尝试。他为了试验火箭的运载能力，曾在一把椅子周围绑缚了47支并联的大火箭，并将自己捆坐在椅子上，双手拿着两个风筝，然后让人点燃火箭。不过由于起飞动力不足，万户未能实现腾飞的梦想，但他表现出的惊人的胆略和非凡的远见却为世人所称赞，而被誉为火箭载人飞行尝试的世界第一人。

把古代火箭演变成现代火箭，进而催生弹道导弹问世、实现载人航天飞行的杰出贡献者，首推俄国科学家齐奥尔科夫斯基。他于1857年9月5日诞生在莫斯科西南的卡卢加小镇，9岁时因严重的猩红热病失去了听力，同时也失去了上学的权利。他以顽强的毅力刻苦自学，读完了中学和大学的全部数理课程，取得了中学教师的资格。此后，他一边担任中学教师，一边从事科学研究。

经过多年的研究，齐奥尔科夫斯基于1903年在俄国《科学评论》杂志上发表了一篇关于喷气运动和运载火箭的重要论文——《利用喷气工具研究宇宙空间》，在世界上第一个提出火箭是人类飞出地球、飞向太空的工具，并首次提出"液体火箭"的概念。他认为，在星际航行中，火箭的推力应该像汽车的油门一样可以灵活调节，这就必须使用液体燃料。他大胆地设想，具有高能量的液态氧和煤油可一起作为推进器的燃料。

齐奥尔科夫斯基最早从理论上证明：靠空气提供升力是不能进入太空的；要在宇宙空间飞行，必须使用自带推进剂、不依赖空气的火箭发动机；要挣脱地

齐奥尔科夫斯基
（1857—1935）

球引力、克服空气阻力飞出地球，单级火箭还不行，必须用多级火箭接力。他还推导出宇宙航行的基本公式，用于计算火箭在发动机工作期间获得的速度增量，后被称作齐奥尔科夫斯基公式，由此奠定了火箭和液体火箭发动机的理论基础。

齐奥尔科夫斯基生前致力于宇航理论研究，虽然未能将自己构思的火箭、飞船等设想付诸实施，但仍被全世界公认为现代火箭、宇宙航行理论奠基人。

第一个把齐奥尔科夫斯基的液体火箭理论付诸工程实践的人，是美国科学家戈达德。戈达德1882年出生于马萨诸塞州的伍斯特，1911年在克拉克大学获理学博士学位，并从这里开始了火箭的研究和试验。起初，他主要从事固体推进剂火箭研究，多次试验失败后认识到，只有液体燃料才能提供宇宙航行所需的动力。

1919年，戈达德发表论文《达到极大高度的一种方法》，论述了火箭运动的基本数学原理。他这样描述自己的设想：如果制造重598.2千克的火箭，就可以把0.9千克的镁送到月球。镁在月面上点燃，闪光将持续几秒钟，在地球上用天文望远镜就可以看到它。

罗伯特·戈达德和他研制的液体火箭

1926年3月16日,在马萨诸塞州奥巴恩的田野里,戈达德竖起了自己研制的液体火箭,火箭高3.04米,重5.5千克,内装液氧煤油液体燃料。

虽然这枚火箭其貌不扬,但却是世界上第一枚液体火箭。发射之前,戈达德庄严地站在火箭旁,让妻子拍了一张珍贵的照片。

戈达德亲自将火箭点燃。随着"嘭"的一声巨响,火箭尾部喷出熊熊烈焰,箭体直射天空。

这枚火箭虽然只上升到60米,飞行时间仅有2.5秒,平均速度也只有103千米/小时,但在火箭工程发展史上却有着划时代的意义,它为现代火箭的发展开创了道路。

1929年,戈达德在伍斯特发射了一枚更大的火箭，上面载有气压表、温度计和小型照相机等设备。这是世界上第一枚有载荷的火箭。

1935年，经不断改进的戈达德火箭时速达到885千米，飞行高度2.5千米，射程20千米。戈达德还发明了控制火箭飞行方向的转向装置和陀螺仪等设备，先后获得火箭技术方面的发明专利212项。当时，美国人对戈达德的火箭并不热心，但德国人却从戈达德的发明中获得了灵感。

1942年10月，德国火箭专家冯·布劳恩实现了齐奥尔科夫斯基和戈达德等航天先驱者的技术设想，制造出了人类第一件向地球引力挑战的工具——A-4火箭。这是一种大型液体火箭，升高达到85千米，射程达到190千米，飞行速度超过5倍声速。装上战斗部，便是世人所熟知的V-2弹道导弹。第二次世界大战结束时，战胜国苏联和美国分别获得纳粹德国的火箭研制设备、资料和一批火箭专家。有意思的是，以冯·布劳恩为首的100余名火箭专家被抢到美国，在美国技术人员向他们咨询火箭技术时，德国专家不解地反问："我是从贵国的戈达德教授那里学来的，你们为什么不去向戈达德教授请教呢？"

美国军方立即派人去找戈达德，但实在是太晚了。美国的火箭之父——戈达德已经在1945年8月10日离开了人间。

为了纪念这位伟大的航天开拓者，美国人将戈达德研制的火箭陈列在华盛顿特区的史密森航空航天博物馆"飞行里程碑"展区，馆内工作人员向一批又一批参观者介绍道：现代100多米高的巨型火箭和洲际弹道导弹，都源于这枚3.04米高的戈达德火箭。

世界公认的第三位航天先驱是德国火箭专家赫尔曼·奥伯特。奥伯特少年时代就对凡尔纳的科幻作品《从地球到月球》和《月球旅行》十分着迷，但他并不盲从权威，而是根据自己的思考，对故事中设想的"用大炮飞行"大胆提出质疑，认为用大炮发射的初速度，会把人瞬间压碎，炮弹飞船也会在大气层中被烧毁。

第一次世界大战爆发后，奥伯特被奥匈帝国军队征召入伍，战后赴海德堡大学攻读数学、物理和天文学，并将全部业余时间投入到液体火箭的研究上。1923年，奥伯特发表了经典著作《飞往星际空间的火箭》(*The Rocket into Planetary Space*)，首次提出了空间火箭点火的理论公式，并用数学方法阐述了火箭脱离地球引力的方法和需要达到的速度，系统论述了研制液体火箭、发射人造卫星和建立空间站等现代航天思想，特别是对空间站的用途进行了绘声绘色的描述："太空站依靠配备其上的仪器，可以看清地球上的细节。夜间可以看见蜡烛，白天可以看到镜子反光。"

从1924年至1938年，奥伯特一直在特兰西瓦尼亚的一所中学里教数学和物理，但对火箭研究的兴趣没有丝毫的减退。1929年，奥伯特对《飞往星际空间的火箭》进行了修改和充实，并改名为《通向航天之路》，对宇宙航行知识的普及和早期火箭技术的发展做出了重要贡献。1930年7月23日，奥伯特成功发射了

赫尔曼·奥伯特
（1894—1989）

一枚火箭，飞行高度达到了 20 千米。

1940 年，奥伯特加入德国籍，不久就到佩内明德研究中心参与 V-2 火箭的研制工作。他虽然没有直接参与把大型火箭变成大威力导弹的研制，但作为一个理论家，深深影响了包括 V-2 导弹发明者布劳恩在内的整整一代工程师，V-2 导弹发动机的基本构造原理就出自奥伯特的设想。也正是在他的大力倡导下，德国才在现代火箭研究方面走在了当时世界的前列。

第二次世界大战后，奥伯特先后在瑞士、意大利、德国、美国从事火箭理论和技术的研究与教学。比起另外两位航天先驱齐奥尔科夫斯基和戈达德，奥伯特是幸运的，他几乎目睹了 20 世纪人类航天事业发展的全过程，见证了从第一枚火箭升空、第一种导弹发射，到载人太空飞行，再到人类踏上月球的每一个历史时刻。

巡航导弹鼻祖 —— V-1 导弹

1944 年 6 月 13 日，夜幕下的英国伦敦万籁俱寂，百万市民同往常一样安然进入了梦乡。

突然，尖利急促的警报声响彻市区。"德军飞机空袭！"防空消防队队长拉梅奇赶紧穿好衣服，飞快地奔向战斗岗位，而从睡梦中惊醒的市民们也纷纷钻进了防空洞。

几个酷似飞机的飞行器，从法国北部被德军控制的加来发射场起飞，越过英吉利海峡，直奔伦敦市区。

几十秒后，伴随着喷气发动机的呼啸声，拉梅奇看到几架"飞机"从 2000 米空中俯冲下来，接着传来了震耳欲聋的爆炸声。

"德国飞机被击落了！"拉梅奇率领他的消防队员赶赴现场，准备随时扑灭爆炸引起的大火，说不定还能抓到德国飞行员。

可展现在他们眼前的只是倒塌的楼房和地面的大坑。英国人一时感到莫名其妙：来袭飞行器明明是飞机，可为什么没有飞机残骸和飞行员？德国人莫非是在采用同归于尽的作战方式？

第二天，英国防空雷达网发现又有一批形状异常的"飞机"向伦敦飞来，皇家空军立即派出"流星"战斗机起飞拦截。

双方在 2000 米高的空域相遇，灵活、快速的"流星"战斗机占据有利位置，向敌开火射击。令英国飞行员惊奇的是，所有的"敌机"丝毫没有反击或逃避的表示，发着"嗡嗡"的声音继续按照预定的方向飞行。这一天，有两架"敌机"被击落，成了英国人的战利品。

经过科技人员解剖，加上情报部门掌握的材料，英国终于揭开了谜底：这些飞行器并不是飞机，而是德国秘密研制的巡航导弹，亦称飞航式导弹，德文全称 Vergeltungswaffe-1，缩写 V-1，意为"复仇武器-1"。

V-1 导弹模型

V-1 导弹是世界上最先用于实战的巡航导弹。弹长 7.9 米，最大直径 0.82 米，翼展 5.3 米，弹重 2180 千克，战斗部装阿马托烈性炸药 850 千克，使用脉动式喷气发动机。该导弹最初采用弹射器弹射升空，后来德军 V-1 导弹基地被盟军占领，便采用飞机空中发射方式。它以汽油作推进剂，最大时速 740 千米，巡航速度 550～600 千米/小时，最大射程 320 千米，空中飞行时间约 25 分钟，飞行高度约 2000 米，到达预定里程后向目标俯冲轰炸。V-1 导弹飞行时发出一种令人生畏的呼啸声，因此得了个"啸声飞弹"的绰号。为了达到最大的杀伤、破坏和心理震慑效果，德国人精心选择空袭时间：7 至 9 时、12 至 14 时、18 至 19 时，这正是伦敦市民上下班的时间，城市交通处在高峰期。

从 1944 年 6 月 13 日到德国战败投降，以英国为主要目标，德国共发射 V-1 导弹 10500 多枚，命中目标的导弹约 2500 枚。V-1 导弹命中率虽不高，但在伦敦居民中造成了强烈的心理冲击和难以忍受的紧张，因为飞行炸弹是无目标的，随时可能祸从天降。V-1 导弹给英国造成了重大损失，5500 余人被炸死，23000 多座建筑物被摧毁。

按照希特勒批准的计划，德军要向伦敦发射 5 万枚 V-1 导弹，企图将这座城市从地球上抹掉，迫使英国投降。希特勒的图谋未能得逞，有 3 个原因：一是德国科学家设计制造的这种武器不够完善，命中率不高。二是英国防空力量进行了有效的拦截。英军调动大批战斗机，部署严密的高射炮、高射机枪火力网，专门对付 V-1 的袭击。后来还施放了 2000 多个氢气球，形成拦截屏障，也十分有效。1944 年 6 月 13 日至 9 月 4 日，德军向伦敦及周围地区发射了 8600 多枚 V-1 导弹，有 1866 枚被防空炮兵火力击落，1847 枚被盟军战斗机拦截，有 232 枚被气球撞毁，其余的命中率大约为 11%。三是盟军飞机对德国导弹发射场和武器制造厂进行了轰炸。有两名盟军间谍对此做出了特殊贡献。一名间谍是德国人费里茨·科尔贝，他供职于德军最高统帅部外交联络员、专务大使里特尔的秘书室，有机会接触几乎所有德国军事机密。他对希特勒的侵略扩张十分不满，愿以自己的行动为法西斯政权的覆灭做出一些贡献。

德国向伦敦发射 V-1 导弹后不久，科尔贝就向盟军发出秘密报告，详细说明这些导弹的导航仪、喷气发动机等装置的生产地点，使盟军战略轰炸机找到了准确的目标。另一名间谍是法国人米歇尔·霍兰德。他不甘心做德军占领下的亡国奴，以木炭商人身份经常往来于法国与瑞士交界的森林地区，向盟军谍报机关传送情报。一个偶然的机会，他获悉德军正在巴黎西北部的卢昂城建造一批神秘而奇怪的建筑，便化装成劳工混入施工现场，终于探明这些建筑物是供发射 V-1 导弹而建设的。后来，霍兰德又在法国北部发现了 100 多处这样的导弹发射阵地。它们的发射方向都指向一个目标——伦敦。

事后得知，希特勒计划从这些阵地发射 5 万枚 V-1 导弹，一举摧毁这座不屈的城市。根据霍兰德绘制的 V-1 导弹发射基地详细布局图，盟军于 1943

年12月下旬至次年年初出动数千架轰炸机，对上述目标进行饱和轰炸，炸毁了几十个V-1导弹发射阵地，剩下的阵地也处于半瘫痪状态，使希特勒的狂妄计划破产。霍兰德完成情报传递返回巴黎时，已受到德军怀疑，他在监狱里迎来了法国的解放。英国授予霍兰德"一级荣誉军功章"。布顿恩·霍罗克斯中将曾赞扬说："可以毫不夸张地说，他挽救了伦敦。"

V-1及其孪生兄弟V-2，是纳粹德国垂死挣扎时使用的武器。它们固然不能挽救纳粹德国覆灭的命运，但却起到了延长战争的作用。一方面，盟国不得不集中大批轰炸机用于破坏德军导弹发射基地；另一方面，V-1导弹使得英国许多的战斗机大队被牵制，动弹不得。V系列武器使一度绝望的德国军队和平民又产生了希望。西方军事评论家认为，由于新式武器的研制成功，德国人在第二次世界大战中加快了从群众战争过渡到科技战争的进程。1945年后的战争，虽然在形式上是常规的，但是已成为专家们之间的技术战争。

纳粹黑科技的结晶 —— V-2 导弹

1944 年秋，纳粹德国在欧洲战场的败局已定，但希特勒还要垂死挣扎。他拿出了手中最具威力的"王牌"——V-2 导弹，对英国进行大规模攻击。

9 月 6 日傍晚，伦敦市民们正准备坐下来吃晚餐时，一枚巨型"炸弹"突然从天而降。它比伦敦人领教过的 V-1 导弹威力大得多，在地面上炸出了一个直径 20 米的大坑，周围 100 米范围内的人员均遭厄运，建筑物也被摧毁。

英国军方很快查明，这枚巨型"炸弹"从数百千米外的荷兰海牙的郊外丛林中发射，德军在那里有一个隐蔽的 V-2 导弹发射阵地。V-2 导弹采用垂直发射方式，可用无线电或安装在弹体内的仪器舱进行控制。导弹由液体火箭发动机推送到一定的高度和速度，发动机自动关闭（此段飞行为主动段）；然后弹头即沿着预定的弹道飞向目标（此段飞行为被动段），射程 300 千米左右；最后穿过大气层飞抵目标，弹道高度 80～100 千米。V-2 导弹是世界上第一种用于实战的弹道导弹。

V-2 导弹能在德国诞生，颇具戏剧性。众所周知，早在公元 1000 年左右，中国就制造出了世界上最早的火箭。直到 13 世纪，火箭技术才传入欧洲。15 世纪后，古老的东方文明在封建桎梏下步履蹒跚，而欧洲则迅速发展为世界现代文明的中心，率先走向火箭时代，把中国老师毫不客气地抛在了后面。

在近代战争中曾多次显威的"康格里夫火箭"，

其实是老式中国火箭的衍生品。中国宋代发明用火药推进飞行并用于军事的火箭，在元、明时期传入印度，很快被印度人仿造和改进，火药筒改用铁制，配装几米长的竹制平衡导杆，火箭威力、射程大幅增加，还根据作战需求装备多种型号，大型火箭长度达61厘米，内径7.62厘米，射程可达2.4千米以上。公元1799年，印度在抗击英军入侵的迈索尔战争中，火箭部队曾发射大量火箭，使英军伤亡惨重。英军将缴获的火箭带回国内，此时欧洲正值拿破仑战争时

拿破仑战争时期的"康格里夫火箭"

期，对新型武器的需求十分迫切。英国伍尔维奇工厂皇家实验室的炮兵上校威廉·康格里夫，立即对从印度带回的火箭进行改造，成功研制出一种采用新型火药的实用火箭，被称为"康格里夫火箭"。这种火箭装药量从1磅到300磅不等，还可配备爆破弹头，最大射程可达4500余米。在拿破仑战争中，英军使用"康格里夫火箭"在布伦攻击法国舰队，大获全胜。康格里夫还亲自指挥英国皇家海军舰船，向丹麦首都哥本哈根发射了约25000枚火箭，几乎将这座城市夷为平地。

在与中国的两次鸦片战争中，英国军队大量使用了"康格里夫火箭"，用于攻击炮台、城市，焚毁清军舰船。19世纪后期，随着火炮技术的飞速发展，火炮变得更加灵活，射速更快，射程更远，威力更大，以"康格里夫火箭"为代表的近代火箭逐渐退出战场转为民用，用于海上救援、照明及人工驱雹，但火箭技术的发展并没有停止，在此基础上产生了现代火箭和导弹。

1932年，德国陆军军械部在柏林南郊建立了一个规模不大的火箭试验站。以布劳恩为首的研制小组，在这里进行液体火箭的试验，很快取得了成果，并决定进行 次实箭发射。当时德国正在兴起一股"火箭热"，前来参观发射的人成千上万，德国政府的一些官员和军方的几位高级将领也都来到现场。

纳粹党（时为德国议会第二大政党）头目希特勒也没放过这次机会。当火箭带着眩目的光焰直插云空时，整个发射场群情沸腾，希特勒更是兴奋得发狂。他读过德国著名军事思想家鲁登道夫的《总体战》一书，特别欣赏书中提出的"闪击战"思想，主张"像漆黑夜晚的突然闪电一样去打击敌人"。此时此刻，在希特勒的心目中，火箭已成为未来实施"闪击战"的锐利武器。他记住了冯·布劳恩的名字。后来，希特勒曾专门请布劳恩给他上过火箭课。

1933年年初，纳粹党在德国大选中获胜，希特勒登上总理宝座。上台不久，希特勒下令加紧研究火箭技术，并为此拨出大量经费。布劳恩及其同事们在柏林南郊的库莫斯多夫试验站研制和试验了多种小型火箭，其中有A-1、A-2、A-3等。A-1重150千克，长1.4米，发动机推力300千克，以酒精和液态氧作推进剂。因头部过重、推力不足，A-1火箭发射未能成功。找到失败原因后，布劳恩做了重新设计，改名为A-2火箭，于1934年圣诞节前进行试验。火箭升空达3千米，取得了令人满意的成果。这一年，布劳恩还以一篇题为《对液体燃料问题理论和试验的贡献》的高水平学术论文，获得了柏林大学物理学博士学位，成为德国科技界耀眼的新星。

精力旺盛、富有创新精神的布劳恩不满足已取得的成绩，又着手设计第二代火箭A-3。A-3重750千克，推力增至1500千克，发射试验获得成功。紧接着，布劳恩又致力于A-4火箭的研制，多恩伯格要求A-4火箭的射程一定要超过当年的"巴黎大炮"。

1936年4月，德国陆军首脑们来到库莫斯多夫试验站视察，对这里已取得的重大成果表示满意，批准A-4火箭方案，拨款2000万马克作为研制经费。同时，考虑到火箭研制基地的未来发展，德国陆军决定选择一个远离大城市、保密性强的荒僻之地。经过周密调研和论证，位于德国北部、一个称为佩内明德的地方被选中。这是波罗的海岸边乌泽多姆岛上的一个小渔村。德国陆军在岛的东部森林地带兴建"佩内明德军事试验站"（后又称"第1军队炮兵工厂"），空军则在岛的北部滨海开阔地建筑机场和新式武器试验靶场。短短几年时间，佩内明德很快成为世界上最宏伟、最先进的火箭和导弹研制基地，这里荟集了一批世界一流水平的火箭专家，以及完备的火箭导弹设计、试验和生产的设施。不到30岁的布劳恩担任火箭研究所的首任所长，后又被提升为佩内明德火箭基地的技术主任。具有杰出组织和指挥才干的多恩伯格是火箭基地的总管，授少将军衔。

当然，火箭研制工作不是一帆风顺的。希特勒在以坦克、飞机为主战武器的"闪电战"获得巨大胜利时，曾下令停止那些研制周期长的武器，放慢火箭基地的建设。但是，陆军元帅冯·布劳希茨没有执行"元首"的旨意，佩内明德继续施工，才终于建成了布局有序、设备先进、人才济济的大型火箭导弹基地。到战争结束前，在这里工作的有4450人，其中包括900名科学家和工程师。

经过几年努力，冯·布劳恩领导研制出A-4火箭，1942年10月3日试验发射成功，同年年底定

冯·布劳恩
（1912—1977）

型并投产。1944 年 6 月，装上弹头的 A-4 被命名为 V-2 导弹。"V"在英语中代表胜利，而在德语中则是"复仇"的第一个字母，德文全称 Vergeltung Waffe，意为"复仇武器"。这是由纳粹德国宣传部长戈培尔命名的，表示德国要用此种武器为第一次世界大战的失败雪耻复仇。它全长 14 米，弹径 1.65 米，翼展 3.57 米，起飞重量约 13 吨。头部为战斗部，重约 1 吨，内装 750 千克炸药；中部壳内有一个氧化剂箱和一个燃料箱，分别装 5 吨液氧和 3.5 吨酒精；尾部有 4 个带有空气舵的稳定尾翼，内装一台泵压式液体火箭发动机，推力 260 千牛（26.5 吨力）。V-2 导弹的地面设备由 30 余辆特种车组成，采用垂直发射方式，发射准备时间 4～6 小时。导弹飞行高度可达 96 千米，最大速度 1600 米/秒，再入大气层时受到大气阻力作用而减速，落地速度约780米/秒。最大射程320千米，整个飞行时间约320秒。

世界第一种弹道导弹V-2采用惯性制导方式，配有带程序装置和陀螺积分仪的自主式陀螺控制系统，圆概率误差4～8千米。

惯性制导方式是基于物体运动的惯性现象，采用陀螺仪、加速度表等惯性仪表测量和确定导弹运动参数，控制导弹飞向目标。弹载计算机根据发射瞬间导弹的位置、速度、惯性仪表的输出和给定的目标位置，实时形成姿态控制、发动机关机等制导指令，传输给执行机构，控制导弹命中目标。组成惯性制导系统的设备都安装在运动物体上，工作时不依赖外界信息，也不向外辐射能量，不易受到干扰。

V-2导弹安装有两个双自由度陀螺：一个用来稳定导弹的偏航和滚转；另一个用来稳定和控制导弹俯仰角，使俯仰角按预定的时间程序偏转，从而控制推力的方向。

这种制导陀螺仪已成为现代兵器惯性制导系统中的核心部件。在希腊文中，"陀螺"一词的原意为"旋转指示器"。在现代科学技术中，不论基于何种原理，凡能感测旋转状态的装置，一般都可称为陀螺仪。关于陀螺运动的基础理论研究大约是从18世纪开始的。早期采用的是根据回转仪原理设计的机械陀螺，后来出现了机电式惯性陀螺。在第一次世界大战中，美国海军首先研制成功陀螺导航仪，并相继推广应用于航海和航空事业中。20世纪初飞机陀螺稳定器和自动驾驶仪出现。近年来，随着光电技术的迅猛发展，集光、机、电一体化的光电惯性陀螺及利用光电技术加工的新型惯性陀螺，如激光陀螺、光纤陀螺、半球谐振陀螺、石英音叉陀螺等，广泛应用于军事领域。

惯性制导的最大优点是不受外界无线电干扰、隐蔽性好，缺点是受时间积累误差影响，制导精度不高。

V-2这种大型先进武器在当时堪称"举世无双"。被攻击的英国既没有办法预警，也没有任何主动防御手段。对付V-1巡航导弹，还可派战斗机拦截；面对高速飞行、威力巨大的V-2弹道导弹，英国空军无能为力。从1944年9月初到1945年3月底，德国共向占英国人口总数1/5的伦敦发射了1120枚V-2导弹，其中518枚在市区爆炸，伦敦伤亡人员达21380人，其中死亡2511人，房屋损坏2万间，给英国人造成了巨大的心理恐惧。

为对付V-2，盟军绞尽脑汁，但唯一的办法就是设法摧毁德国的导弹发射阵地。英国抽调大批兵力，实施代号为"商业花园"的作战行动，以空降兵突袭德国设在荷兰的V-2导弹发射阵地。但德军防守严密，盟军损兵折将17000余人，"商业花园"计划流产。最有效的手段还是空中轰炸。英、美联合参谋长会议决定，由美国空军第8航空队和英国皇家空军轰炸航空兵，对德国的重要战略目标，尤其是新武器研制、生产基地，展开联合轰炸。盟国谍报系统侦知佩内明德为德国新武器研制基地后，从 1943 年 8 月对其开始了大规模轰炸。8 月 17 日夜，英国皇家空军出动 597 架战斗机和轰炸机，投下 1593 吨高爆炸弹、281 吨燃烧弹，使佩内明德的火箭研制车间等目标遭到严重破坏。8 月 25 日，美国轰炸机群再度飞临该基地上空，进行饱和轰炸。

在佩内明德大规模集中生产 V-2 导弹已不可能了。德国人随即采取"化整为零"的办法，将 V-2 导弹的 3 万多个零部件的生产基地分散到德国及占领国的多个地区，然后送到总装厂装配成导弹。总装厂设在德国中部哈士（亦译哈茨）山区，在诺德豪森附近废弃的矿井内建立了一座深达 60 米的庞大地下工厂，盟军的巨型炸弹也无济于事。布劳恩等一批火箭专家在这里继续进行新型火箭、导弹的研制。继 V-2 导弹之后，他们又设计了射程更远的 A-9 和 A-10 火箭。A-9 是 A-4 的改进型，增加了两个后掠式稳定翼，射程可达 550 千米。A-10 的长度 29 米，直径 4.1 米，个头儿比 A-9 和 A-4 大一倍，重约 87 吨，发动机推力 200 吨。他们还设想把 A-9 和 A-10 连接一起，组成巨型两级火箭，加上弹头后即成为远程导弹，可以直接打到美国本土。

正当布劳恩竭尽全力为纳粹德国效劳时，厄运却降到了他头上。1944 年 3 月，德国盖世太保突然逮捕了布劳恩和另外两名高级工程师，罪名是"破坏 V-2 导弹计划"，险些被拉出去枪毙。多恩伯格将军出面力争，四处活动，才使他们幸免于难。原来，盖世太保头目为扩充势力，曾暗中拉拢布劳恩等人脱离陆军转为盖世太保服务，遭到拒绝，由此结下了怨恨。

为了争取德国军火部门更多的经费和定货，多恩伯格曾多次赴柏林总部述职。主管军火的部长斯佩尔，向希特勒详细汇报了新式武器的研究情况。斯大林格勒大会战失败后，欧洲战场局势开始发生逆转，战争力量的天平已对德军不利。正为此焦虑不安的希特勒，在东普鲁士的腊斯登堡统帅部接见了多恩伯克和布劳恩，并一起观看了V-2导弹发射的纪录片。希特勒顿时眉飞色舞，指示优先安排和大批生产V-1和V-2导弹，并授予布劳恩"名誉教授"称号，这在当时是一项殊荣。

整个第二次世界大战期间，德国共生产了近6000枚V-2导弹。在盟军1944年6月实施诺曼底登陆后，希特勒为挽回败局，下令动用最新式的秘密武器，先后发射了4300多枚V-2导弹。然而一两件新式武器终究未能挽救纳粹德国覆灭的命运。盟军机群的密集轰炸，使V-2导弹的生产、运输等发生严重困难，制造导弹推进剂急需的酒精、液态氧，以及钢、铝、铜等原料都供应不上，生产出来的导弹向前线发射基地运输也大受影响。1945年3月中旬，德军的最后一个导弹发射场地也被盟军占领。纳粹德国几乎丧失了还手之力，一步步走近了坟墓。

毋庸置疑，V-1、V-2导弹等新式武器虽然不能决定战争的胜负，但对战争的进程却产生了一定的影响，给盟军造成了很大的威胁。欧洲战场盟军总司令艾森豪威尔在回忆录《欧洲战争》一书中写道："如

V-2 导弹模型

果德国提前 6 个月完成这些新式武器的部署并投入使用，我们在欧洲的登陆将是极其困难的，或许是根本不可能的。"

美、苏、英等盟军兵分多路进占德国和德军占领区后，都把掠取德国火箭导弹实物、设备、技术资料和人才作为重要目标，展开了一场没有枪声的高技术争夺战。

盟军总司令艾森豪威尔将军命令美军骑兵第 1 师日夜兼程，不惜任何代价，赶到苏军前面，把逃到深山老林的冯·布劳恩等多名火箭专家抢到手，弄到美国去。他对率部进军德国的巴顿将军说："一定要找到冯·布劳恩，他比德军几个师还重要！"

1945 年年初，美军骑兵第 1 师的"阿尔索斯"突击队率先挺进到德国巴伐利亚地区，主要任务便是搜寻冯·布劳恩。一天，在美军设置的哨卡前，来了一位神父模样打扮的男子，哨兵把手中的照片与眼前的人物一对照，立刻弄清了这位神父的真实身份，他就是德国 V-2 导弹的总设计师布劳恩。布劳恩是个乐天派，他诙谐地对美国人说：你们能得到我，真可谓是"一网捕到了一条大鱼"。

美国俘获了布劳恩等 130 余名德国导弹专家，并得到了大批关于火箭、导弹的技术资料。按照 1943 年 11 月德黑兰美、苏、英三国首脑会议达成的协议，诺德豪森地下导弹工厂应属于苏军占领区。但是，这个巨大的 V-2 导弹总装厂太有吸引力了。美军抢先占领该地区，在移交之前，将难以计数的图纸资料、导弹部件和各种设备全部运走，整整装了 300 车皮，而后用 13 艘"解放"号轮船运抵美国。美军还调动军用运输机，将布劳恩等专家送去美国。布劳恩不久就改换门庭，重操旧业，担任美国陆军弹道导弹局研制工作部主任，领导研制"红石""木星"C 和"潘兴"等型号导弹，1955 年加入美国国籍。

以 V-1、V-2 导弹的出现和使用为标志，导弹作为一种全新的武器登上战争舞台。特别是 V-2 弹道导弹，一经问世便显示了战略武器的巨大潜力。V-2 导弹的研制成功，还使人类拥有了第一件冲出大气层、向地球引力挑战的工具，成为航天发展史上的一个重要里程碑。战后，美、苏等国研制的中程、远程和洲际弹道导弹，以及各种航天运载火箭，都是在 V-2 弹道导弹基础上发展起来的。

时间过去了半个多世纪，目前世界上保存下来的 V-2 导弹实物只剩 4～5 枚，其中有一枚存放于法国北部圣奥梅尔市。在第二次世界大战中，这里曾是纳粹德国的一个 V-2 导弹制造和发射基地。1995 年，法国政府决定将此地开辟为战争博物馆，改造工程预算约 1000 万美元，其中部分资金由欧盟援助。博物馆每年吸引数十万观众，使人们铭记和平来之不易。

长剑啸天——战术弹道导弹

在火箭发动机推力作用下按预定程序飞行，关机后按自由抛物体轨迹飞行，是弹道导弹的飞行特点。按作战使用，弹道导弹可分为战略弹道导弹和战术弹道导弹；弹道导弹按射程，可分为近程、中程、远程和洲际弹道导弹；按发射点与目标位置，弹道导弹可分为地地弹道导弹和潜地弹道导弹；按使用的推进剂，弹道导弹可分为液体弹道导弹和固体弹道导弹。按2012年出版的《中国战略导弹部队百科全书》的说法，战术弹道导弹是"毁伤战术目标的导弹。通常配备常规战斗部",射程远近不一,近者数千米,远者上千千米。按照美国军方的解释,射程小于3000千米的常规战斗部弹道导弹,属于战术弹道导弹。20世纪40年代以来,战术弹道导弹相继发展了四代,目前世界上有30多个国家和地区拥有不同档次、数十种型号的战术弹道导弹。20世纪70年代以来,特别是90年代以后研制的新一代弹道导弹,采用大量高新技术和材料,命中精度、作战威力等大幅度提高。作为国之重器,战略弹道导弹是核威慑的主力军,战术弹道导弹则是战区战场的主要威胁。

昔日红色重锤 —— 苏联早期弹道导弹

1945年春，德国一枚未爆炸的V-2导弹落在了苏联红军的占领区域。饱尝这种新式武器之苦的英国人，十分渴望弄清其奥秘。丘吉尔首相派特使同斯大林元帅交涉，希望苏联能将德国导弹"引渡"给英国。

斯大林很痛快地对英国特使说："看在丘吉尔先生的面子上，我们很乐意帮忙。导弹装箱后用火车送到法国海岸，再由英国派船运回去。"

一个月后的一天，几十个大箱子运到了伦敦车站，丘吉尔和一批高级军官和技术专家兴致勃勃地亲赴车站迎接。

卸下的几十个箱子排列在车站站台，性急的丘吉尔想先睹为快，下令将几个箱子打开。

箱子内哪里有什么导弹，全是些从战场上搜集的钢铁"垃圾"：坦克碎片、破损电台、炮弹筒壳……

英国人气歪了鼻子，但也只能是哑巴吃黄连，有苦说不出。苏联人早就想得到的导弹岂能放手？V-2导弹早已被完整无缺地运回苏联去了。丘吉尔唯一能解心头之恨的对策，便是下令对德国火箭基地佩尔明德再一次进行狂轰滥炸，因为那个岛快要被苏军占领了。英国和美国的情报机构甚至通过特殊渠道转告佩尔明德的德国火箭专家，要他们赶快撤离，以免落入苏联红军之手。

1945年5月，盟军占领了德国火箭、导弹试验基地佩内明德。随同苏军进驻基地的有内务部副部长伊万·谢罗夫将军领导的特别行动小组，包括一位著名的火箭专家，名叫科罗廖夫。1933年，他年仅27岁，便主持研制并成功发射了苏联第一枚液体火箭，被斯大林授予少将军衔。在20世纪30年代的肃反运动中，科罗廖夫以所谓"里通外国罪"被投进监狱，流放到西伯利亚。第二次世界大战期间，因科罗廖夫参与研制的"喀秋莎"火箭炮在对德作战中大显神威，给予德军摧毁性打击，斯大林决定释放科罗廖夫，并派他到德国充任"接收大员"。特别行动小组的主要使命是搜捕纳粹德国的科学家，获取技术资料和设备，特别是把德国的V-1、V-2导弹等尖端技术搞到手。

遭到英军飞机多次轰炸的佩内明德基地已经残破不堪，但德军还没来得及完全破坏基地的主要设备，留下的德国技术人员、图纸资料和机器设备都成了苏军的战利品。德国诺德豪森市图林根山区巨大的V-2导弹地下生产综合设施，已全被美军运走或销毁。苏军进驻该地区时，V-2导弹地下工厂已经变成一片废墟。但是，苏军还是在山区附近找到了一些没有被美国人带走的德国导弹工程师和技术人员。在他们的帮助下，苏联专家在地下工厂的几条通道废墟中发现了大量没有被完全破坏的V-2导弹零部件。同时，在匈牙利和捷克斯洛伐克，苏军也找到了一些被德军拆卸的V-2导弹零部件，并把它们集中运往图林根山区的地下工厂。在德国导弹工程师指导下，苏联专家成功地组装了几枚V-2导弹。在苏军占领区，科罗廖夫协助内务部人员，对所能找到的每一个曾参与V-1、V-2导弹研制的工程师和技术人员进行一系列"访问"，找到了各种人才6000余名，并说服他们到

苏联第一种弹道导弹 P-1（SS-1）

苏联去帮助工作。为了让他们在苏联"安家落户"，连同他们的家属以及一些专家的情妇共 2 万余人，也被一起运往苏联。很快，在伏尔加河下游的卡普斯京亚尔镇东北地区出现了一座颇具规模的弹道导弹试验基地。

第二次世界大战刚刚结束，斯大林从战略的高度认识到导弹武器在未来战争中的重要性，要求加紧研制和试验地地弹道导弹。由于获得了德国的技术资料、导弹实物和研制人员，战后的苏联在导弹设计、试制和发射方面少走了弯路，发展很快。1946 年，由科罗廖夫担任总设计师，全面展开了弹道导弹的研制。1947 年 10 月 18 日，苏联在阿斯特拉罕州卡普斯京亚尔国家试验场，成功地进行了第一种地地弹道导弹的飞行试验，随即装备炮兵部队，被称为 P-1（北约代号 SS-1）导弹，绰号"讨厌者"，其性能、结构与德国的 V-2 导弹相近，最大射程 320 千米，起飞重量 13 吨，采用常规弹头，弹头重量 1000 千克。导弹的制导系统为单回路制导系统，在飞行过程中仅能控制导弹纵轴的角度位置以及发动机停止工作的时间。制导是根据已知坐标目标打击表进行，需要提前设定好发射方向和导弹发动机工作时间。控制导弹运动方向需要的所有信息来自陀螺仪和加速计。

苏联拥有了堪称"撒手锏"的弹道导弹,弹道导弹总设计师科罗廖夫被授予"列宁勋章",当选为科学院院士,两次荣获社会主义劳动英雄称号。

1949年,科罗廖夫对P-1(SS-1)做了较大的改进,研制出苏联第二种地地弹道导弹——P-2(SS-2),绰号"同胞",于20世纪50年代初部署。SS-2在总体布局上与SS-1相似,但性能显著提高。主要改进是:改用头体分离方式,只有弹头飞向目标,从而降低了对弹体的结构强度要求;通过减轻结构重量,改善发动机性能,改进冷却系统和减少燃料的水含量,使导弹的射程大幅度提高,最大射程达600千米。P-2(SS-2)起飞重量20吨,弹头重量1500千克。

P-1和P-2均属近程导弹,1954年装备部队的

苏联P-5(SS-3)近中程弹道导弹

P-5（SS-3），则属近中程地地弹道导弹，绰号"讼棍"。其动力装置为单级液体火箭发动机，是苏联液氧和酒精推进剂导弹的最终型号。发射前加注推进剂，测试后点火，在地面固定阵地发射。弹长20.75米，弹径1.65米，起飞重量28.4吨，投掷重量1.3吨，最大射程1200千米。可装核弹头，率先实现了导弹和原子弹的结合。

1975年，一种高精度的近程弹道导弹——"圆点"开始在苏联陆军服役，可搭载常规导弹和核弹头。1984年改进后的"圆点"-U（北约代号SS-21B），可在2分钟内完成各项发射任务，最大射程120千米，打击精度约90米。苏联解体后，乌克兰是装备"圆点"-U最多的国家。在2022年开始的俄乌冲突中，"圆点"-U是乌军仅有的陆基远程打击武器。2月25日，乌军第19战术导弹旅发射数枚"圆点"-U，袭击俄军米列罗沃前线机场，击毁一架苏-30M2战斗机。

乌克兰装备的"圆点"-U弹道导弹

冷战神器 —— 美国三代弹道导弹

美国在争夺德国导弹人才方面，出手十分迅捷。1945年年初，美国成立了"阿尔索斯"突击队，随部队进入德国巴伐利亚地区，俘获了德国第一流导弹专家冯·布劳恩和130多名导弹高级设计人员，以及100枚V-2导弹。

由于借鉴和"拿来"纳粹德国的V-2导弹及其科研力量，美国的导弹发展速度也很快。1945年9月底，美国陆军在新墨西哥州怀特沙漠试验场发射了一枚称为"下士"的地地弹道导弹，采用惯性制导，以固体燃料作推进剂，试验获得成功，随即装备美国陆军。"下士"可算得上美国弹道导弹的鼻祖。

德国火箭专家冯·布劳恩到美国后，被赋予重任，主持研制了多种型号的弹道导弹。此时为战术弹道导弹的起步阶段，美苏研制、部署的第一代战术弹道导弹都采用液体推进剂，系统复杂，反应时间长，射程短、命中精度低。美国第一代型号主要有"红石""下士""中士""长曲棍球""诚实约翰"等。

"诚实约翰"MGR-1是美军第一型核弹头地地导弹，1951年6月29日试射成功，1953年1月开始装备陆军炮兵部队。最初配备W-7核弹头，爆炸威力相当于2万吨TNT当量，后又发展出携带680千克高爆弹头和沙林神经毒气集束弹头的型号。发射前，需要在野外组装，瞄准后约5分钟内才能发射。MGR-1A的最大射程24.8千米，MGR-1B的最大射

"诚实约翰"
MGR-1 导弹

程约 40 千米。冷战时期,"诚实约翰"主要部署在欧洲北约国家,20 世纪 70 年代被 MGM-52 "长矛"导弹取代。

"红石" PGM-11 由布劳恩主持研制,于 1953 年 8 月首次试射成功,1958 年装备部队,共装备 4 个营。1 个导弹营约 600 人,配两部发射架,各类重型车辆近 20 辆,机动性很差。导弹到达发射地点后,组装、起竖等准备工作大约需 8 小时。接到发射命令,还需 15 分钟加注燃料,而后才能够最终发射。

"红石"为单级火箭,结构与 V-2 相似,全长

21.1 米，弹径 1.8 米，总重 27763 千克，最大射程 325 千米，起飞重量 20.4 吨，最大马赫数 5.5，升限 92 千米。配置常规弹头或核弹头（W-39），热核战斗部威力为 400 万吨 TNT 当量。采用惯性制导，圆概率误差约 300 米。

1957 年 10 月，苏联抢在美国之前把卫星送入太空，在世界上引起了轰动，多年来以"世界第一强国"而自豪的美国人反响尤为强烈，举国上下指责政府的无能和领导者决策失误。为平息众怒，美国军方特意将 1 枚"红石"导弹运至纽约，把当时美国最先

"红石" PGM-11 弹道导弹

进的弹道导弹陈列在中央车站大厅里，以宣示美国军事科技并不弱于苏联。车站天花板为了容纳这个庞然大物，屋顶还挖了一个洞。

"红石"PGM-11导弹有A、B等多种发展型号，研制、试验、鉴定费用9250万美元，采购费用4.194亿美元。20世纪50年代后期，"红石"部署在联邦德国，承担冷战时期西欧防务任务，担当"美国陆军的主力"。1955—1960年，"红石"共生产了大约120枚，1964年退役，取而代之的是更加先进的固体燃料中程弹道导弹"潘兴"MGM-31。

"雷神"中程弹道导弹

C-124 运输机空运"雷神"导弹

  1955 年，美国空军决定发展一种中程弹道导弹，由道格拉斯公司担任主承包商，导弹被命名为道格拉斯 SM-75"雷神"中程弹道导弹（空军编号 PGM-17）。"雷神"导弹于 1957 年 9 月试飞成功，同年投入批量生产，1958 年 9 月开始装备部队。"雷神"是美国军队装备的第一种中程弹道导弹，最大射程达 2400 千米。主推进系统采用单级液体火箭发动机，以煤油和液氧作为燃料，同时装备两台洛克达因小型微调发动机，以进行微调和方向控制。可携载 1 枚 W-49 型热核战斗部，爆炸威力 145 万吨 TNT 当量。制导方式仍为惯性制导，制导精度为 300～3200 米。

  1962 年 11 月，美国开始研制第二代地地战术弹道导弹——"长矛"，由凌-特姆科-沃特公司为主承包商。研制过程中有 MGM-52A/B/C 三种型号，批量生产和装备部队的只有 MGM-52C 增大射程型。1972 年 6 月，美国陆军军、师两级第一线炮兵部队大换装，用"长矛"MGM-52C 替换"诚实约翰"MGR-1 和"中士"MGR-29，由此开启了"长矛"在美国陆军和北约部队服役的军旅生涯，直至 1990 年被第三代地地战术导弹"先进战术导弹系统"ATACMS 替换下来。

"长矛"为单级导弹，长 6.14 米，弹径 0.56 米，翼展 1.4 米（配常规弹头时为 1.18 米），发射重量 1285 千克，核战斗部重 211 千克（爆炸威力为 0.1 ～ 10 万吨 TNT 当量），最大射程 120 千米。采用地面机动车载倾斜发射方式，发射准备时间 10 ～ 15

"长矛"弹道导弹

「长矛」导弹发射

分钟（"中士"导弹为半小时），发射速率为3枚/小时。"长矛"采用喷气旋转稳定系统，简易自主惯性制导，射程50千米时命中精度为150米，最大射程时命中精度为375米。它是世界上最先使用可预储存液体推进剂的地地战术导弹（储存期限10年），不需要现场加注燃料。推进剂成分为红色发烟硝酸和偏二甲肼。导弹发射后，立即启动4个旋转稳定发动机，从导弹侧边的通气孔排出大量黑烟，成为"长矛"导弹的典型特征。

美军1个"长矛"导弹营装备6部导弹发射架，编有营部和5个连，其中3个火力连、1个内勤连、1个勤务连，共650人。配备M752履带式水陆两栖自行起竖发射车，每车载1枚导弹和6名发射人员。也可采用空运方式进行战略机动，C-135、C-141、C-124运输机和大型直升机CH-47"支奴干"均可。1973年，第一个形成战斗力的"长矛"导弹营部署到美军驻联邦德国的美军炮兵部队。美国陆军共装备8个"长矛"MGM-52C导弹营，其中6个营部署在联邦德国，2个营留驻本土。该导弹还出口到英国、意大利、荷兰、比利时、以色列、韩国等国家和地区。中国台湾的"青峰"弹道导弹，也是"长矛"的衍生品，由中国台湾中山科学研究院根据以色列提供的样品与技术研制，1983年开始装备驻金门、马祖地区的部队。它只配有高爆弹头，最大射程130千米。

让"长矛"导弹闻名遐迩、在武器装备史上镌刻辉煌的一件事，则是"长矛"配装世界第一种中子弹。20世纪70年代，面对欧洲地区苏联和华约国家集群坦克的压倒性优势（3∶1），美国决定研制一种新型核武器——中子弹。这是一种"增强辐射武器"，核当量为 1000 吨左右，爆炸产生的冲击波效应大大消减，而高能中子辐射效应大为增强。中子射

"长矛"导弹配备的 W70-3 中子弹战斗部

线主要攻击人体的中枢神经系统，对民用建筑物破坏力较弱。如果苏联集群坦克越过联邦德国北部平原进行闪电战，美军和北约即可用"长矛"发射中子弹，利用瞬时辐射能量使敌方坦克乘员丧失战斗力。

1977 年 6 月，美国利弗莫尔国家实验室宣布研

以色列装备的"长矛"导弹

"潘兴"ⅠA战术弹道导弹

制成功中子弹,随后进入生产阶段,代号为W70-3,威力有1000吨TNT当量以下和1000吨TNT当量以上两种。据称,一枚配备中子弹战斗部的"长矛"导弹价值66万美元,其中中子弹价值为50万美元,而普通原子弹弹头价值为24万美元。

第二代地地战术导弹还有"潘兴"Ⅰ、"潘兴"ⅠA。"潘兴"Ⅰ是率先采用固体燃料发动机的地地战术导弹,代号MGM-31A,1962年6月交付美国陆军使用,用于取代采用液体燃料的"红石"导弹,每枚导弹出厂成本为194万美元(1964财年美元值)。整个导弹系统装在4辆覆带车上运输和发射,也可用直升机和飞机空运,具有机动、可靠和便于维护使用的优点。"潘兴"ⅠA是"潘兴"Ⅰ的改进型,采用二级固体火箭发动机,最大射程可达740千米。

在"潘兴"导弹家族中,名气最大的当属"潘兴"Ⅱ中程弹道导弹,它研制于美苏冷战最激烈的20世纪70年代,技术水平达到当时世界战术弹道导弹的最高水平,开美国第三代战术弹道导弹之先河。

"潘兴"Ⅱ的诞生之初,就肩负起特别紧急的使命。众所周知,1962年古巴导弹危机事件之后,为增强与美国争夺霸权的实力,苏联加快了核武器及其运载工具的研发,到20世纪70年代,不仅实现常规

"潘兴"Ⅰ导弹发射

武装力量现代化，导弹核武器的技术水平也在接近美国，在数量上则超越美国。美国的优势则在于"潘兴"Ⅱ的战术技术性能更胜一筹。

1976年3月，苏联开始在欧洲本土部署SS-20导弹。这是一种二级固体中程弹道导弹，每枚导弹携带3枚15万吨TNT当量的分导式多弹头，射程达5000千米，圆概率误差约450米，可有效打击整个西欧的重要军事设施。到1979年，苏联部署对准西欧的SS-20中程弹道导弹增加到140枚，弹头420颗。在这以前，苏联在华约国家和本土早已部署了众多SS-4"凉鞋"和SS-5"短剑"中程核导弹，还有具备核攻击能力的图-22M"逆火"战略轰炸机等，使得所有西欧国家都处于苏联各种核武器的射程之内，而北约和驻欧美军却没有能直接打击苏联本土的战术核武器。此时的欧洲，虽然美苏战略核力量大体均衡，但是在战术核力量及其运载工具方面，苏联对

发射井中的P-14（SS-5）"短剑"导弹

美国拥有了一倍的优势，即 7000 颗对 3500 颗。

面对力量悬殊形成的严重威胁，西欧各国迫切要求装备足以还击苏联本土的战术核导弹。当时北约集团使用的战术核导弹是美国的"潘兴"ⅠA 导弹，其射程不足（740 千米），精度不高，难以与苏联核导弹对抗。

1974 年 4 月，美国国防部启动"潘兴"Ⅱ研制任务，由马丁·马丽埃塔公司担任主承包商。对"潘兴"Ⅱ导弹的基本要求是增大射程和提高精度，射程须达到 1800 千米，以便能够直接打击苏联西部地区的主要军事目标；命中精度高，能以核当量不高的弹头有效地摧毁预定军事目标，并尽量减少附带伤害。研制团队在"潘兴"ⅠA 的基础上着力增大射程、提高命中精度。至 1978 年 5 月，检验"潘兴"Ⅱ导弹末制导系统的 5 次飞行试验均取得预期效果，随后美国陆军与马丁·马丽埃塔公司签署价值 3.6 亿美元的合同，进入全面工程研制阶段。至 1983 年 9 月 18 日，"潘兴"Ⅱ导弹按计划完成了 18 次研制飞行试验，其中 13 次成功，1 次部分成功，4 次失败。在 1978 年 5 月的一次样弹飞行试验中，命中点距目标仅 25 米，创造了中程弹道导弹命中精度新的世界纪录。试验中曾出现的固体推进剂不稳定燃烧抑制剂失效、空气舵液压作动系统液压泵故障、推力终止固定环安装不当等问题，也都及时找到原因并得以妥善解决。同年 12 月，"潘兴"Ⅱ开始在联邦德国部署，到 1985 年年底，驻联邦德国的美陆军第 56 野战旅的 108 枚"潘兴"ⅠA，全部被更换为"潘兴"Ⅱ，很快扭转了美国

"潘兴"Ⅱ中程弹道导弹发射

和北约在欧洲的战略被动局面。

"潘兴"Ⅱ以优异的性能让世人瞠目,其最大射程达到1800千米,而圆概率误差只有30米左右。以往的地地弹道导弹都采用惯性制导方式,即通过测量导弹重心的加速度来确定导弹的高度、速度等运动参数,控制导弹的飞行轨迹,使得与预定的飞行轨迹相一致,最后击中目标。这种自主式制导,既不发射也不接收无线电波,优点是安全可靠,不受干扰,缺点则是制导误差不断积累,射程越远,飞行时间越长,误差就越大。"潘兴"Ⅱ导弹提高精度的主要措施,是率先采用雷达区域相关末制导系统。安装在弹头裙部的4个三角形空气舵,实际上是末制导系统的执行机构。正是通过这4个空气舵的偏转,导弹弹头才能不断修正偏差,直至命中目标。

高机动性、快速反应能力和良好生存力,也是"潘兴"Ⅱ的突出优点。它不需要固定的发射场,整个导弹及其发射装置安装在1辆运输车上,导弹随时可以机动发射。从进入戒备状态到发射,全部操作5分钟内即可完成,只需8分钟就可从联邦德国打到苏联本土。整个导弹系统也可由C-130运输机或其他大型飞机空运,快速抵达作战区域。

苏美争霸剑拔弩张,欧洲中程核武器竞赛愈演愈烈。1985年,米哈伊尔·谢尔盖耶维奇·戈尔巴乔夫当选为苏共中央总书记,他认为核战争意味着人类毁灭,在核战争中没有胜利者,主张降低战略均势水平,倡导苏美大幅度裁减中程导弹并做出重大让步。时任美国总统里根为追求连任,也急于在核武器控制

待命发射的"潘兴"Ⅱ中程弹道导弹

方面有所作为，经过多次谈判，美苏首脑于1987年12月在华盛顿签署了历史上第一个销毁战术核导弹的国际条约——《苏美两国消除中程和中短程导弹条约》，简称《中导条约》。条约规定，在条约生效后3年内和18个月内，分别消除各自所有的射程在1000～5000千米的中程导弹和射程在500～1000千米的中短程导弹，及其发射装备、各类辅助设施等，而且以后也不得试验、生产和拥有这些武器。作为射程160～1800千米的中程弹道导弹，"潘兴"Ⅱ首当其冲。

《中导条约》生效后，美国于1988年10月至1989年7月从欧洲撤回全部"潘兴"导弹，除弹头被改造成核炸弹外，所有的"潘兴"Ⅱ导弹弹体皆以火箭发动机静态燃烧的方式销毁。1987年12月到1992年，美国部署在海外的"长矛"导弹弹头全部撤回本土转为存储状态，国内的"长矛"导弹全部退役。退役后的"长矛"，多次被用作导弹防御系统的测试靶弹而发挥"余热"。《中导条约》的签订无疑是件好事，它虽然仅占美苏核武库总数的3%～4%，但也让竞争激烈的中程导弹竞赛显著降温，有助于欧洲大陆的和平和全球战略局势的稳定，并为后续核军备控制开了个好头，是美苏两国在冷战军备竞赛时期的分水岭。

历史车轮前行30年，世界虽然不安宁，但核战争没有发生，局部战争、明里暗里的大国军事对抗仍时有发生，导弹核武器的竞赛并没有偃旗息鼓。2018年10月20日，美国总统特朗普宣布，美国将退出《中导条约》，理由是俄罗斯多次违反条约规定发展导弹武器。俄罗斯毫不退让，声称如果美国单方面退出条约，俄罗斯将采取相应反制措施。美俄将掀起新一轮军备竞赛？威力更大的中程核导弹将重返欧洲大陆？但愿历史车轮不会倒转，世界和平是人类共同的愿望。

1987年12月8日，苏联总统米哈伊尔·谢尔盖耶维奇·戈尔巴乔夫（左）与美国总统罗纳德·威尔逊·里根在华盛顿签署《中导条约》

毁灭边缘 —— 古巴导弹危机

1962年夏末,一艘在加勒比海巡逻的美国海军电子侦察船,从古巴岛方向意外地侦收到一种奇特的辐射信号。记录辐射信号的磁带送到了美国中央情报局,电子战专家很快判明:信号是由苏制弹道导弹制导雷达发出的,这种导弹携载有核弹头。

为了进一步验证情报的可靠性,美国空军的U-2间谍飞机多次飞临古巴上空,拍回的大量照片无可辩驳地证明:苏联在古巴西部地区部署了几十枚中程地地弹道导弹,还建立了地空导弹发射基地和中程轰炸机机场。部署的地地弹道导弹P-12(北约代号SS-4,绰号"凉鞋")是一种中程核导弹,于1955—1957年间研制,1959年开始装备苏军。导弹全长21米,弹

冷战对抗的巅峰——1962年古巴导弹危机

径 1.65 米，起飞重量 27.2 吨，制导方式为惯性制导，弹头重量 1360 千克，TNT 当量为 50 万吨，圆概率误差 2300 米。最大射程 1930 千米，发射方式有地面固定阵地和发射井两种。

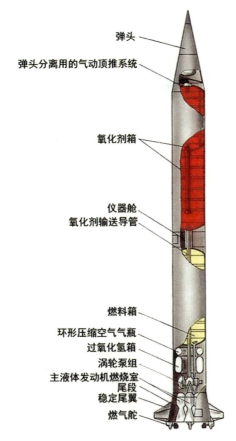

SS-4 核导弹结构图

苏联的导弹部署到了美国的"后院"，距佛罗里达州只有 150 千米，随时可打击华盛顿、纽约等心脏地带，五角大楼的军事首脑们望着一张张清晰的照片面面相觑，迅即将情报和处理预案向总统约翰·肯尼迪报告。怒不可遏的肯尼迪于 9 月 4 日发表声明，向苏联发出警告，表示美国绝不会容忍地地导弹和其他任何进攻性武器部署在古巴。

起初，苏联政府矢口否认在古巴拥有任何进攻性武器。狡黠的赫鲁晓夫还致信肯尼迪，信中称：苏联不需要将自己的武器转移到其他任何国家，包括古巴。与此同时，在古巴的约5000名苏联军事和工程技术人员正在加紧构筑地地导弹发射场，一支运送导弹等重要军事装备和军事技术人员的船队正由大西洋向古巴挺进。

肯尼迪总统主持召开国家安全委员会紧急会议，磋商解决古巴导弹危机的各种选择。智囊机构提供了6种处理方案：无所作为；施加外交压力；通过各种渠道同卡斯特罗打交道；入侵古巴；空袭导弹基地；采取间接军事行动，封锁古巴海域。

一些军事领导人主张对古巴已经建好和正在修建的导弹发射阵地实施大规模空袭。但多数与会者认为，在目前状况下，美国既不应示弱退让，也不宜反应过激，要给苏联一个台阶，使其有改变初衷的余地。前三种温和性方案难以奏效，"入侵"和"空袭"将可能导致两个超级大国更大规模的直接对抗，最后决定采取回旋余地较大的"封锁古巴海域"的中间方案。

10月22日晚7时，肯尼迪发表电视演说。他告诉美国公众：苏联正在古巴构筑导弹基地和部署导弹，这是"为配备对西半球的核打击能力"，"美国为了保护本身和盟国的安全，将采取必要的行动"。演说结束时，肯尼迪声色俱厉地宣称：我们绝不会选择

"宇宙神"弹道导弹发射

投降或屈服的道路。我已下令海军对一切正在驶往古巴的形迹可疑的苏联船只进行登船检查。美国要求苏联在联合国的监督下撤除设置在古巴的进攻性武器。

10月24日,美国海军派出90余艘舰艇组成庞大舰队,其中有8艘航空母舰,在空军68个飞行中队配合下,对古巴海域实行了全面封锁。与此同时,一支9万人的海军陆战队奉命集结,随时准备赴古巴作战;战略导弹部队全部进入高度戒备状态,100枚

"宇宙神"、50枚"大力神"和12枚"民兵"导弹在发射台上听候指令；空军上千架作战飞机也做好了突袭古巴的战斗准备，待命出击……

最初，赫鲁晓夫把肯尼迪的警告视为恐吓，回信指责美国的行动"粗暴违反联合国宪章"，"违反公海航行自由的国际准则"，同时美国早已在土耳其和联邦德国等地部署了以苏联为目标的导弹基地，实际上已经包围了苏联。苏联在古巴驻扎军队和修筑中程导弹基地是用于防御目的。10月23日，苏联政府发表严正声明：武力封锁古巴，对苏联船只进行拦截和检查，是赤裸裸的侵略行径。如果侵略者挑起世界热核战争，苏联将给予最坚决的回击。

苏联国防部发布命令，所有的战略火箭军、防空部队、海军舰队进入战备状态；华约联合武装部队总司令格列奇科命令联合部队加强战斗准备；行驶在大西洋的苏联舰队，继续向古巴海域破浪前进。

肯尼迪接到赫鲁晓夫的信，当即回复，只有短短几行，语气十分生硬，宣布美国海军将对驶进古巴海域的苏联军舰进行"检疫"，从10月24日格林尼治时间14时生效。这实际上是对苏联发出的"最后通牒"。

美国的强硬架势和措辞严厉的信，在克里姆林宫引起了极大的震惊和忙乱。公开场合气势汹汹、不肯退让的赫鲁晓夫陷入了进退两难的窘境。

两个超级大国剑拔弩张，核大战一触即发。驶临加勒比海的苏联军舰，停在了美国海军设置的警戒线之外，等待最高统帅部的命令。

美苏两国领导人坐在导弹上掰手腕漫画

面对咄咄逼人的美国对手,老谋深算的赫鲁晓夫不得不权衡:在导弹核武器的数量和质量上,苏联与美国相比,均处于劣势地位。美国领导人对双方的"家底"更加清楚:根据侦察卫星、U-2飞机和其他间谍手段获得的情报,1962年下半年,苏联拥有洲际弹道导弹50～75枚,而美国拥有约250枚;苏联的洲际战略轰炸机只有约200架,美国则有600架以上,并处于12分钟戒备状态;美国游弋于大洋的数艘核潜艇中,还装备着144枚战略核导弹。总体上看,美国当时占有明显的核优势。

美国之所以采取毫不退让的强硬措施,除了实力方面的优势，还与英国方面传递的一个重要信息有关。当时，苏联外交部一名叫罗高寿的部门负责人，在与英国驻莫斯科的代表谈话时说漏了嘴，他说苏联在古巴的行动，完全是想考验一下美国政府的意志和决心。

这场危机，不仅是两个大国军事实力的抗衡，也是两国最高领导人意志和智慧的较量。

10月26日，赫鲁晓夫终于"软"了下来。他给肯尼迪写了一封3000多字的长信，表示接受联合国秘书长吴丹前不久提出的和平谈判倡议，同意在联合国监督下撤出在古巴的进攻性武器，同时要求美国从土耳其撤出针对苏联的"木星"中程导弹。肯尼迪上台不久，就在土耳其部署了核导弹，增加了苏联在战略上的不安全感，最终促使赫鲁晓夫在古巴部署导弹。赫鲁晓夫相信，把核导弹部署在美国"后院"，就等于"放只刺猬在美国人的裤裆里"（赫鲁晓夫原话）。

11月21日，美苏达成协议：苏联在30天内撤出部署在古巴的导弹和轰炸机；美国终止对古巴的海上封锁，撤走部署在土耳其的导弹。

加勒比海上的苏联军舰调头返回，一场令世界"后怕"的导弹风暴终于平息了。此后，哈佛大学教授、肯尼迪总统特别助理施莱辛格称：历时十多天的古巴导弹危机，"不仅是美苏冷战年代最危险的时刻，而且是人类有史以来最危险的时刻"。

在苏联做出让步后，肯尼迪并没有摆出"赢家"的姿态，而是要求官方人员和媒体禁止发表讥嘲对方"投降"等刺激性言论，而且还夸赞赫鲁晓夫做出了"有政治家气度的决定"。他深知，不能把任何一个大国逼得走投无路，从而使它宁折不弯地投入战争。

在这场导弹危机中，赫鲁晓夫无疑是个"输家"。当他决定在古巴秘密部署导弹时，战略火箭军总司令莫斯卡连科元帅曾激烈反对，并为此丢了乌纱帽。在苏联舰船从古巴运回导弹等武器时，赫鲁晓夫还同意让美国空军飞机在公海上对苏联军舰低空盘旋拍照，并拉开包装好的帆布，拍照好了才能离开。美国国际政治学学者亨利·基辛格博士对赫鲁晓夫在这场危机中的愚蠢决策感到震惊。此事件使赫鲁晓夫在国内的威信大降，是其3年后被赶下台的重要原因之一。

2002年10月，在古巴导弹危机40周年之际，古美双方的一些当事人在哈瓦那举行了一个研讨会。与会的有美国前国防部长麦克纳马拉，前总统特别助理施莱辛格，肯尼迪演讲写作班子成员古德温和索尔森，肯尼迪总统的弟弟、前美国总检察长罗伯特的遗孀等。当年任陆军总司令、现年79岁的古巴副总统费尔南德斯主持了研讨会。费尔南德斯回忆说，我指挥40万古巴军队进入阵地，时刻准备美国可能的入侵。"当时，我感到一场大战迫在眉睫。尽管不想那么年轻就死去，但还是做好了为国捐躯的心理准备。"他希望政治家和军事领导人能够从古巴导弹危机中吸取教训，"再也不要把世界推向核灾难的边缘"。

战术弹道导弹的经典——"飞毛腿"

1991年1月17日2时30分（巴格达时间），夜幕笼罩下的伊拉克首都一片宁静。

突然，成千上万枚炸弹、导弹从空中袭来，伊拉克总统府、军事指挥中心等重要目标附近浓烟滚滚，爆炸声接连不断。以美国为首的多国部队开始了对伊拉克的"沙漠风暴"行动。

在多国部队各种先进武器的沉重打击下，庞大的伊拉克战争机器几乎完全陷入瘫痪状态。但萨达姆手中还有一种可用于还手的武器——"飞毛腿"弹道导弹。

遭空袭后不久，伊拉克的弹道导弹部队便紧急出动了。17日凌晨5时，沙特阿拉伯首都利雅得响起刺耳的空中警报声。几分钟后，第一枚"飞毛腿"导弹呼啸而至，在利雅得市郊爆炸。随后，伊拉克又向以色列首都特拉维夫和海法市发射了几枚"飞毛腿"导弹。

以色列遭袭击后，声称要进行还击。这恰恰是萨达姆所期盼的。如果以色列参战，萨达姆就可破坏有不少阿拉伯国家加入的反伊联盟，使整个战局复杂化。

多国部队指挥部的将军们紧急磋商，决定把摧毁伊拉克"飞毛腿"导弹发射装置作为空袭的首要任务。美军将唯一的反弹道导弹武器——"爱国者"导弹防御系统调往以色列和沙特阿拉伯，专门拦截"飞毛腿"，拉开了"爱国者"大战"飞毛腿"的序幕，首创用导弹打导弹的先例，举世瞩目。

在历时6周的海湾战争中，伊拉克共发射了88枚"飞毛腿"导弹，其中包括"飞毛腿"的改进型"侯赛因"导弹（射程600千米）和"阿巴斯"导弹（射程900千米）。这些导弹中，有42枚打到以色列，另外46枚射向沙特阿拉伯和其他海湾国家。

弹道导弹首次遇到了"克星"。美军共发射158枚"爱国者"导弹，拦截了47枚"飞毛腿"（战后对拦截数字有争议）。仍有不少"飞毛腿"逃脱"爱国者"的拦截，在预定目标区爆炸。例如，1月22日，一枚"飞毛腿"落在以色列首都特拉维夫市区，造成3人死亡、73人受伤；1月25日，一枚"飞毛腿"击中沙特阿拉伯宰赫兰市的一座仓库，这里是美军的临时宿舍，美军官兵被炸死28人、炸伤100余人。

为了对付"飞毛腿"导弹，美军平均每天出动约100架飞机，还派出多支特种部队小分队，日夜不停地搜索和攻击"飞毛腿"发射装置，但也未能完全阻止伊拉克发射导弹。

海湾战争使"飞毛腿"导弹名声大噪，几乎达到家喻户晓、妇孺皆知的程度。它出于苏联科罗廖夫设计局之手。从1947年开始算起，该导弹如今已年过半百，有多种改进型，形成了一个庞大的"飞毛腿"导弹家族。最初的型号"飞毛腿"-A，北约代号SS-1B，为单级液体导弹，采用煤油和硝酸作推进剂，射程180千米，圆概率误差约3000米，携带一个当量为5万吨级的核弹头，1950年代中期装备苏军。

"飞毛腿"-B 地地弹道导弹

1962年，苏军换装了经过重大改进的"飞毛腿"-B导弹，射程增至300千米，圆概率误差降至约300米，推进剂改用"不对称二甲基肼"（UDMH）和"抑制红色发烟硝酸"（IRFNA）。该导弹弹长11.6米，弹径0.88米，翼展1.81米，起飞重量6.3吨，由战斗部、仪器舱（含制导控制系统）、燃料箱、氧化剂箱、尾舱（含发动机）和稳定尾翼等组成。"飞毛腿"-B既可携带核弹头，也可携带常规高能炸药弹头和化学弹头。常规弹头重980千克。它具有较好的机动性，导弹全部技术设备可装在几种配套车辆上，在500千米范围内机动作战。"飞毛腿"-B的生产量很大，超过7000枚，除装备苏军外，从1965年起向华沙条约组织国家、中东地区和亚洲一些国家出口，捷克、斯洛伐克、波兰、匈牙利、保加利亚、罗马尼亚、叙利亚、埃及、伊朗、伊拉克、也门、刚果、阿联酋、阿尔及利亚、阿富汗、越南、朝鲜等20多个国家装备了"飞毛腿"-B及其改进型。

"飞毛腿"-B的改进型可分为两类。一类是苏联运用先进技术设计的,如"飞毛腿"-C（北约代号SS-1D）和"飞毛腿"-D（北约代号SS-1E）。"飞毛腿"-C主要是提高射程,采用可分离的单个常规弹头,弹头重600千克,射程增至500千米;"飞毛腿"-D采用数字景象匹配制导,使圆概率误差降至50米。另一类是伊拉克等国根据实战需要改进的。20世纪70年代中期,伊拉克购进800多枚"飞毛腿"-B,然后采用减轻弹头重量、加长推进剂贮箱等措施,提高了导弹射程,这种改进型称为"侯赛因"。"侯赛因"导弹的推进剂增加了1040千克,而战斗部缩减至500千克,最大射程达到650千米,用于打击伊朗境内纵深目标。朝鲜采用类似伊拉克的办法,自行生产出"劳动"-1弹道导弹,弹长比"飞毛腿"-C增加约4米,可携带1000千克的常规弹头或5万吨TNT当量的核弹头,最大射程达1300千米,圆概率误差2000～4000米,1997年年初完成了首批导弹的部署,2007年4月25日纪念建军75周年阅兵式上第一次公开露面。在此基础上,朝鲜又研制生产出"劳动"-2导弹,最大射程增至1500千米,但弹头重量减至770千克。

"飞毛腿"-B的首次使用是在第四次中东战争中。1973年4月,苏联向埃及提供了一批"飞毛腿"-B,埃及组建了一个装备"飞毛腿"-B的弹道导弹旅。同年10月6日,埃及、叙利亚等阿拉伯国家为收复

伊拉克"侯赛因"地地战术弹道导弹

失地,向以色列发动突然进攻。战争初期,阿拉伯国家军队突破以军防线,进展顺利,但以色列军队很快扭转被动局面,转入反攻。在紧急情况下,埃及使出了"撒手锏",从10月22日开始,向西奈半岛以色列军事目标发射"飞毛腿"-B导弹,加上叙利亚发射的,共发射了28枚弹道导弹,摧毁了以色列集结在纵深处的一个装甲旅。据称,埃及此举是迫使以色列接受对阿方较为有利的停火条件。

1980—1988年的两伊战争,把弹道导弹的实战作用推进到一个新的阶段。特别是在战争最后一年的2月29日—4月21日,战争规模升级,双方展开了战争史上罕见、长达52天的导弹"袭城战"。它是继1944年9月德国V-2导弹对伦敦实施人类史上第一次大规模导弹"袭城战"之后,又一次使用地地弹道导弹进行的大规模"袭城战",也是第二次世界大战后在局部战争中动用地地弹道导弹数量最多、持续时间最长、作战效果最大、影响最为深远的一次。直接起因是1988年2月27日,伊拉克出动空军袭击了伊朗首都德黑兰郊区的一座炼油厂,爆炸巨响震天,油厂浓烟滚滚。为了报复,2月29日伊朗向伊拉克首都巴格达发射了2枚

"飞毛腿"-B导弹。早有准备的伊拉克立即以其人之道还治其人之身，9天内就向伊朗发射了50枚"飞毛腿"-B，至4月21日共发射了189枚，重点打击首都德黑兰和圣城古姆，40座伊朗城市的数千幢楼房和建筑物被毁，炸死炸伤约2000人。其中有135枚落入德黑兰，大大挫伤了伊朗人的士气。伊朗以牙还牙，向伊拉克的巴格达、摩苏尔、基尔库克等城市发射77枚"飞毛腿"导弹，致使伊拉克伤亡1000余人。

在52天的导弹"袭城战"中，两伊互射导弹532枚，其中伊朗发射的导弹占2/3，但因射程和威力有限，威慑效果远不如伊拉克方面，继续打下去将蒙受更大的损失，伊朗维系战争的决心迅速动摇，宣布接受联合国决议，同伊拉克结束战争状态。1988年8月20日，长达8年之久的两伊战争正式宣布结束。

苏制"飞毛腿"弹道导弹使用最多的地方是阿富汗。苏联1979年武装入侵阿富汗，遭到阿富汗游击队的顽强抵抗，陷入进退维谷的困境，被迫于1989年撤军。但为支持苏军所扶植的阿富汗政府，又将大批"飞毛腿"-B导弹运进阿富汗。1989年6月至1991年4月，在苏联顾问控制下，阿富汗政府军共向游击队占领的村庄和集结地发射了1000多枚"飞毛腿"-B导弹，但收效甚微。苏联顾问不得不哀叹："飞毛腿"对付不了游击队。苏联扶植的政权1991年被阿富汗游击队推翻。

美国军队也险些遭到"飞毛腿"导弹的打击。那是1986年3月和4月，美国以利比亚领导人卡扎菲支持国际恐怖行动为由，对利比亚进行了两次空袭，使利比亚遭受了巨大损失，卡扎菲险些丧命。在美国强大的军事实力面前，利比亚唯一可用的报复武器就是从苏联进口的"飞毛腿"-B导弹。4月15日，卡扎菲下令向设在意大利兰佩杜萨岛上的美军基地发射两枚"飞毛腿"-B导弹，但因射程不够，落进了大海。

"飞毛腿"导弹还被用于一些国家的内战中。1994年年初，也门内战爆发，"飞毛腿"首次成为一个国家两派军队间内战的工具。5月6日，南也门军队向北也门军队占领地区发射了5枚"飞毛腿"-B导弹；5月11日，又向也门首都萨那市郊发射了1枚。这些"飞毛腿"-B都是从苏联购进的。同年11月6日凌晨，伊朗军队为打击反对现政府的"伊朗圣战者"游击队，向设在两伊边境地区的游击队基地发动了一次"闪电袭击"，共发射3枚"飞毛腿"-B导弹，炸毁了一些建筑物，但没有造成人员伤亡。

1973年以来，"飞毛腿"导弹已经在8次战争或军事冲突中使用。随着拥有此类武器的国家越来越多，使用频率呈现加快的趋势：20世纪70年代1次，20世纪80年代3次，而20世纪90年代的前5年就有3次。美国和欧洲的一些人士指出，在未来的任何地区性冲突中，都将面临弹道导弹的威胁，而至今仍没有令人满意的防御手段。因此，如何有效地防御"飞毛腿"和比它更先进的战术弹道导弹，已成为许多国家军队特别关注的课题。

"穷人的原子弹"
—— 战术弹道导弹的扩散

目前,世界上有 30 多个国家和地区的军队装备有战术弹道导弹,其中近 20 个国家和地区拥有生产战术弹道导弹的能力。

多年以来,朝鲜弹道导弹备受世界关注。1979年,朝鲜与埃及签订共同研制弹道导弹协议,获得"飞毛腿"-B 战术弹道导弹技术,随后进行仿制,先后试验成功射程约 300 千米的"火星"-5 和射程约 600 千米的"火星"-6。此后,朝鲜与伊朗合作,解决导弹发展资金和试验场地的问题;同时在独联体国家招募导弹科研人员,解决了导弹燃料和弹头再入等技术难题。据称,20 世纪八九十年代,有上百名俄罗斯科学家帮助朝鲜发展弹道导弹,参与"火星"-7

朝鲜"劳动"弹道导弹("火星"-7)

（"劳动"弹道导弹）的研制，1993年5月29日试射成功。

"劳动"导弹是朝鲜第一种中程弹道导弹，采用单级液体燃料发动机，弹头重量800～1000千克，发射重量15.5吨，射程1000～1300千米。在最大射程情况下，导弹的圆概率误差2～4千米，从朝鲜发射可覆盖日本大部分领土。1997年年初，朝鲜完成了首批10枚"劳动"弹道导弹的部署。在2007年4月25日纪念建军75周年阅兵式上，"劳动"弹道导弹第一次公开亮相。

朝鲜在2010年阅兵式上展示了再入弹头的升级版"火星"-7，最大射程接近2000千米。更先进的"火星"-10于2016年6月22日试射成功，射程超过3000千米。后者采用可贮存液体燃料（偏二甲肼，氧化剂为四氧化二氮），是在引进俄罗斯SS-N-6潜射弹道导弹技术基础上研制的。它同时使用自动控制技术，发射准备时间仅为10分钟，可携带1～1.25吨的核弹头。

2018年2月8日，在朝鲜建军70周年阅兵式上，类似俄罗斯"伊斯坎德尔"-M的战术弹道导弹首次亮相，称为"火星"-16。该导弹采用高能固体燃料，最大射程可达15000千米，1辆重型发射车携带2枚导弹，可在1分钟内完成发射。

伊朗早期装备的"流星"-1、"流星"-2，属于"飞毛腿"系列的B型和C型。作为"劳动"导弹的合作研制方，在获得该导弹技术后，伊朗于20世纪90年代致力研制国产化的"流星"-3导弹，于2003

伊朗"流星"中程弹道导弹

年 7 月装备伊斯兰革命卫队。该导弹最大发射重量 16 吨,战斗部 760～1158 千克,最大射程 1350～1500 千米,圆概率误差约 2000 米。此后,伊朗又推出二级弹道导弹"流星"-4,最大射程可达 2500 千米。美国和以色列对"流星"-3、"流星"-4 深感不安,因为驻海湾地区的美军均在"流星"-3、"流星"-4 的打击范围之内,从伊朗腹地即可打到以色列经济中心特拉维夫。2015 年 10 月 11 日发射成功的"支柱"导弹,体现出伊朗导弹技术的新进步。这是伊朗首枚全程制导和控制的中程弹道导弹,射程约 1700 千米,采用固液混合推进,第一级和第二级分别为液体燃料(红烟硝酸＋煤油)火箭发动机和固体燃料火箭发动机。"支柱"没有追求更远的射程,但全程复合制导技术的突破使其命中精度大幅度提高，圆概率误差降至约 500 米。

2022 年 9 月，伊朗集中使用弹道导弹和巡航导弹越境远程轰炸伊拉克境内的库尔德武装据点。伊朗革命卫队陆军指挥官在接受媒体采访时称，在过去几天里向伊拉克北部的"库尔德分离武装据点"发射了 73 枚弹道导弹，打击了 42 个"恐怖分子"的阵地和目标。这是自 1988 年"两伊"导弹袭城战以来，伊朗军队最大规模的集中使用弹道导弹进行的一次作战行动。

据英国媒体估算，伊朗军队现装备的各类中近程弹道导弹总计超过 3000 枚。一旦发生大规模战争，要有效拦截这些弹道导弹，至少需要 6000 枚防空反导导弹，而且还必须是"爱国者"和"萨德"级别的区域防空反导导弹。但是，即使超级军事大国美国目

伊朗"流星"-3 中程弹道导弹

印度"大地"地地战术弹道导弹

前总共也只有不到 3000 枚防空反导导弹的储备。

经过几十年的努力,印度相继研发出"大地""萨尤尔亚""烈火"等多系列不同射程的地地弹道导弹。"大地"近程弹道导弹于 20 世纪 80 年代初开始研制,1994 年投入批量生产并装备印军,最大射程 250 千米,圆概率误差大于 250 米。该导弹采用单级液体火箭发动机,运输车垂直发射,发射前装填液体燃料,发射准备时间超过 1 个小时。

1991 年开始研发、2013 年服役的中近程地地弹道导弹"萨尤尔亚",最初被称为"大地"-3,采用固体燃料,最大射程约 700 千米,命中精度也大幅度提高,据称达到 10 米以内。"萨尤尔亚"导弹还被改进为潜射弹道导弹,称为 K-15,于 2015 年投入生产

印度"萨尤尔亚"战术弹道导弹

并装备印度海军。

印度最受世人关注的是"烈火"系列地地弹道导弹,目前有近程至洲际 5 个型号。其中,"烈火"-1 射程约 700 千米,采用固体燃料,2004 年服役,经过十几次改进试验,2018 年定型的"烈火"-1 改进型射程接近 1000 千米,圆概率误差仅 50 米。"烈火"-1 改进型拥有独立的导弹发射载具,可机动快速发射,作为印度军队目前唯一在役的近程战术弹道导弹,不仅填补了远程火箭炮和"烈火"-2 导弹的火力空白,而且使印度陆军正式拥有了一支快速反击部队。"烈火"-2 为两级固体燃料中程弹道导弹,有效载荷约 1 吨,射程超过 2000 千米,可携带常规弹头或核弹头,圆概率误差约 300 米。2004 年服役的"烈火"-3,射程超过 3500 千米,可携带重约 1.5 吨的核弹头。后续发展的"烈火"-4 射程超过 4000 千米,"烈火"-5 射程超过 5000 千米。

印度"烈火"-2 弹道导弹

印度"烈火"-3 弹道导弹

美国新一代战术弹道导弹
——"陆军战术导弹系统"

1991年1月18日凌晨,海湾战争爆发,美国研制的多种新型武器投入使用。部署在沙特阿拉伯的美国陆军第7炮兵团,刚刚装备了新一代战术弹道导弹——"陆军战术导弹系统"(ATACMS),接到作战命令后立即投入"沙漠风暴"作战行动。行军途中,该炮兵团就发射出第1枚导弹,准确命中85千米外的伊拉克"萨姆"-2导弹阵地,致使伊军防空导弹瞬间瘫痪。战争期间,美国陆军在沙特阿拉伯部署了105枚ATACMS,作战中共发射了32枚,摧毁了伊拉克众多高价值目标,包括后勤中心、加油站、炮兵和导弹阵地、行驶中的车队及军用桥梁等,其中有1

正在发射的美国"陆军战术导弹系统"(ATACMS)

枚导弹摧毁了准备过桥的 200 多辆伊拉克军车。美国国防部海湾战争报告中称：ATACMS 打哑了被瞄准的防空阵地……敌阵地一旦遭到导弹攻击，便不再发射电磁波。联军飞机在导弹开辟的飞行走廊飞行时，都报告无敌防空雷达活动。当空军 A-10 攻击机飞行员请求 ATACMS 支援时，导弹在几分钟内便做出快速反应并摧毁目标。

ATACMS 导弹系统采用 M270 多管火箭炮发射架，2 组发射箱可装 2 枚导弹，或者 1 枚导弹和 6 枚火箭弹。ATACMS 只需重新定位装载吊车组合系统，就能在火箭弹和导弹发射箱之间进行转换，成为世界上第一种"弹箭一体化"、近程远程兼能的新一代炮兵压制火力装备。ATACMS 既可以火箭弹歼灭数十千米内的目标，又可以弹道导弹打击上百千米外的目标。实施远程火力支援时，无须增加操作人员、发射架和其他设备，大大提高了作战灵活性，同时也减轻了后勤负担。

ATACMS 导弹系统在海湾战争中初露锋芒，战后加速了生产并不断改进。作为一种车载越野机动、倾斜发射、单级固体战术弹道导弹，ATACMS 已经成为美国陆军 21 世纪的主要战术火力支援武器，能快速打击敌方纵深目标。

ATACMS 导弹全长 396 厘米，直径 60.69 厘米，发射重量 1530 千克，常规型（ATACMS 1、ATACMS 2）最大射程 165 千米，增程型（ATACMS-1A、ATACMS-2A）最大射程达到 300 千米，基本能够满足打击敌第二梯队目标的要求，有效弥补了地面火炮射程太近的问题。它采用环形激光陀螺数字惯性制导装置加雷达指令修正系统，此后又增加 GPS 中制导和红外末制导，进一步提高命中精度和打击活动目标的能力，圆概率误差约 50 米。

ATACMS 可配装两类战斗部。一类是 Block-1 系列，采用 M74 弹头，内有 950 枚杀伤子弹药，亦称反人员及反器材子弹药，为早期产品。后来的增程型，子弹药减少至 275 枚。另一类为 Block-2 系列，采用先进的 BAT 子弹药。BAT 是一种智能微型无动力弹药，全长 91.44 厘米，弹径 0.14 米，重 19.96 千克。BAT 子弹药配有红外和声学寻的头，主要用于捕捉、攻击并摧毁机动装甲目标。其作用过程是：13 枚 BAT 子弹药抛撒开后，根据预编程序滑翔至目标区域，子弹药张开主降落伞，尾翼和弹翼弹出，4 片弹翼上的 4 个音响传感器自动寻找目标，一旦确定目标位置及运动方向，就会滑翔飞向目标，并通过末段红外制导捕获目标，引爆聚能装药战斗部。Block-2A 采用 6 枚 BAT 子弹药，最大射程增至 300 千米，2003 年服役。此后又将末制导改进为毫米波雷达和红外成像双模制导，真正具有全天候攻击能力，即使敌方坦克关闭发动机，变成冷目标，也难以逃脱被摧毁的命运。近年来，美军还为 ATACMS 研配了新型钻地弹头，称为 ATACMS-P，专门打击敌方深埋地下数十米的目标。该弹长 4 米，弹径 610 毫米，最大射程 220 千米，最小射程 140 千米。不同类型的弹头配合高精度的中段制导和末制导，可有效打击地面机动部队、导弹阵地、坦克集群、地下工事等多种目标，使美国陆军具有即时摧毁远程移动目标和地下目标的能力。

在2003年的伊拉克战争中，ATACMS再显神威。此时，美国陆军已建成了多个数字化师，大都装备了ATACMS，作战使用从战役级压制火力拓展至战术层次。2003年3月，战争打响的第一天，第3机步师第2炮兵营向巴格达最重要的目标发射ATACMS导弹，包括萨达姆的指挥所和其他12个重要据点。第一轮打击发射了63枚导弹，在大规模作战阶段共发射了456枚ATACMS，命中并摧毁了伊军一大批高价值目标。特别是在几次天气恶劣和需要紧急支援的情况下，凸显了该导弹的全天候作战能力和快速打击能力。2003年11月16日，驻伊美军在反击伊拉克游击队的行动中，从巴格达郊外向伊拉克北部一处反美武装据点发射了1枚卫星制导的ATACMS，导弹飞行220千米后击中了目标。美军在反恐行动中使用ATACMS，表明该导弹灵活精确打击点目标和时敏目标的能力大大提高。

M270自行火箭炮配置的ATACMS具有较好的机动性，其发射指挥控制设备、跟踪测量设备、电源系统、再装填设备以及发射操作人员，都安排在一辆发射车上。该发射车采用M993装甲履带底盘，也就是加长型"布雷德利"步兵战车底盘，越野机动能力强，最大时速64千米，最大行程483千米，还可使用C-141和C-5运输机空运。

鉴于21世纪战场情况、作战模式的变化，美国陆军对远程面杀伤武器的机动性提出了更高的要求，由洛克希德·马丁公司担任主承包商，在M270A1基础上，于2002年研制成功一种机动性更好的火箭

M270"钢雨"多管火箭炮

炮系统——M142"海玛斯"(HIMARS)自行火箭炮。它与M270"钢雨"的最大区别是底盘由履带式改为轮式,全系统重量由约20吨减至10.9吨,可用C-130"大力神"战术运输机空运,能够快速进入履带式火箭炮无法到达的战区,为早期进入战区的应急作战部队以及轻型师、空降师和空中突击师及时提供大面积覆盖杀伤火力支援。"海玛斯"在运输机着陆后的15分钟内,即可做好作战准备;发射完毕后,能够在敌军锁定发射位置之前快速撤离。

M142"海玛斯"可携带6枚火箭弹或2枚"陆军战术导弹系统"(ATACMS),能够发射目前和未来多管火箭炮系统的所有火箭和导弹。M142"海玛斯"陆地最大时速89千米,最大行程480千米,在停止间只需16秒即可完成目标瞄准,做到"打了就跑"。其ATACMS也是配置三种战斗部:打击地面人员和器材的M74型子母弹;摧毁移动和静止装甲目标的BAT子母弹；打击防御工事和深处掩体的单一高爆弹头。2003年伊拉克战争打响时，刚刚结束工程研制的M142"海玛斯"，就将3门样炮编入第18空降军属炮兵旅投入实战，成功地完成了为轻型作战部队提供火力支援的多项任务。在乌克兰战争中，美国也向乌克兰大量援助了M142"海玛斯"火箭炮，据2023年1月统计共提供了38套，但都经过了改装，只能发射火箭弹。

鉴于对新威胁的评估和军事战略的调整，美国陆军发现海、空军对陆军军事行动的支援不可靠，而陆军作战行动需要越来越远的强大火力支持，而陆军所依赖的现有"陆军战术导弹系统"（ATACMS）在进行多次改进之后，潜力已经挖尽，于是决定发展全新的"远程精确打击火力"（LRPF）导弹。

该项目于2015年10月正式立项，雷神公司、洛克希德·马丁公司作为竞争对手分别获得阶段合同。2019—2020年，两家公司进行了多次飞行试验，进展

M142"海玛斯"火箭炮

乌克兰战场上的 M142 "海玛斯"

试验中的 LRPF 导弹

顺利。新的 LRPF 射程接近 500 千米，超过 ATACMS 达 67%，可及时为陆军作战部队提供远程火力支援。装备 LRPF 导弹的炮兵可成为战场火力点主力，弥补空中打击力量的不足。

美国陆军希望 LRPF 导弹的批量采购日期从 2027 年提前到 2023 年，2025 年实现初始作战能力，仍可使用 "钢雨" 和 "海玛斯" 火箭炮作为发射平台。

俄罗斯手中的"王牌"
——"伊斯坎德尔"

2008年8月,俄罗斯与格鲁吉亚因南奥塞梯问题爆发冲突。俄罗斯军队迅速展开"强制和平"行动,不仅派出地面部队,出动大批轰炸机、战斗机、强击机和直升机,还发射了15枚"圆点"-U(SS-21B)弹道导弹和数枚入役不久的"伊斯坎德尔"弹道导

"伊斯坎德尔"战术弹道导弹

弹，对格鲁吉亚军事目标进行了有效打击。格鲁吉亚的防御和整个军队很快瓦解，被迫接受符合俄方利益的停火协议。

此战中崭露头角的俄罗斯新型战术弹道导弹，命名方式打破常规，以马其顿亚历山大大帝的阿拉伯语称呼"伊斯坎德尔"来命名，或许是因为亚历山大在中东地区和印度颇受尊崇，意在吸引潜在的国外客户。北约则依照惯例，按出现顺序称之为SS-26。

若追根溯源，"伊斯坎德尔"导弹还有一段颇为传奇的经历。早在20世纪70年代后期，由涅波别季梅耶担任总设计师的科洛姆纳设计局（KBM）就研制出一种精准灵活的战役战术导弹。它全程使用捷联惯性制导，既可携带常规弹头，也可携带核弹头，核弹头威力约20万吨TNT当量，圆概率误差小于300米，命名为9K714，绰号"奥卡"，1980年秘密入役，主要用于打击400～500千米内的纵深目标。北约于1981年发现该导弹，将其命名为SS-23，绰号"蜘蛛"。出生于1922年的涅波别季梅耶是苏联的战术弹道导弹设计大师，"圆点"等28套导弹武器系统由其牵头研制成功。

"奥卡"导弹在当时世界众多近程弹道导弹中属于顶尖水平，总设计师涅波别季梅耶曾经说过："奥卡超过美国人整整一个时代，属于无法拦截的导弹。"针对美国研发中的"爱国者"新一代防空反导系统，涅波别季梅耶团队特别注重增强导弹的突防能力，采用了一系列新设计、新技术。例如，战斗部外敷雷达散射涂层；携带电子对抗设备并配备假弹头和箔条诱饵；弹道设计更加复杂，采用三种弹道，弹道顶点高度可达 120 千米，弹头的飞行弹道最后阶段几乎是垂直下降，末端速度高达马赫数 10，令对手防不胜防。此后，涅波别季梅耶对"奥卡"进行了多次改进，1985 年推出带有末制导的"奥卡"-U，关键技术是配备一个前置的空气动力控制面和雷达区域相关的末制导弹头，可以在飞行末段进行复杂的变轨，与美国"潘兴"-2 导弹相似，苏联导弹由此跨入了精确制导时代。"奥卡"及其改进型不仅大量装备苏军，还出口到华约诸国，部署在冷战对抗的前沿阵地，可直接威胁柏林、巴黎等重要目标，成为北约的眼中钉和肉中刺。资料显示，苏联军队在当年的阿富汗反游击作战中，曾使用"奥卡"导弹，取得骇人战果，有时甚至代替战机实施"定点清除"，被阿富汗游击队称为"种族灭绝者"。

但是，"奥卡"的厄运很快降临了。1987 年 12 月，美苏签订《中导条约》。条约要求两国削减射程为 500～5500 千米的陆基巡航导弹和弹道导弹，曾被誉为"冷战时期最成功的军控协议"。直接目的是削弱美苏各自的中程弹道导弹对彼此在欧洲地区军事基地的直接威胁，从而降低热战爆发的可能性。按照条约，106 部"奥卡"导弹发射装置、306 枚"奥卡"导弹（包括出口到华约其他国家的导弹）及其生产线，连同大部分设计图纸被彻底销毁。与此同时，苏联的 SS-20 中程弹道导弹、美国的"潘兴"中程弹道导弹也被销毁。

冷战结束后，美国为首的北约加紧东扩，俄罗斯

"伊斯坎德尔"导弹发射

感到战略空间被挤压,迫切需要一种能够威胁北约的战役战术导弹。"奥卡"导弹总设计师涅波别季梅耶再次出山,在收集的"奥卡"残余资料的基础上加以改进,研发出"伊斯坎德尔"导弹,1999年在莫斯科航展上首次亮相,2004年8月完成导弹系统试验,2006年通过俄罗斯陆军鉴定。2006年年底,第一个"伊斯坎德尔"导弹营在北高加索军区训练中心组建完成。

俄军从2005年起,开始采购并在陆军中装备"伊斯坎德尔"导弹,它是俄罗斯军队现役最先进的战役战术导弹,也被公认为当今世界上同类导弹中最具威力的战术武器。在作战使用上,它与SS-23相同，最大变化是缩短了射程，俄军装备的导弹射程控制在480千米，完全符合"中导条约"限制的500千米要求。"伊斯坎德尔"为单级、固体燃料导弹，导弹全长7.2米，弹体最大直径0.95米，起飞重量3.8吨，战斗部重量480～700千克，采用单级固体火箭发动机推进，车载机动发射。该导弹主要有M型和K型两个改进型，还有用于出口的E型。

"伊斯坎德尔"的换代升级主要体现在制导系统上，具备单车独立锁定目标的能力，不需要侦察卫星或航空兵的支援，可从目标实地照片和战地侦察兵那里接收目标指令，随后启动发射装置，发射第一枚导弹，相隔不到一分钟再发射第二枚。发射任务完成后，发射装置会在几分钟内伪装起来并迅速撤离，即使敌方测出导弹发射地点，也很难摧毁。该导弹配有一个专为弹道导弹和巡航导弹研制的自备式惯性导航系统，既可接收卫星定位信息，又能从雷达、光学或电视传感器接收信息。它采用惯性制导、格洛纳斯（GLONASS）卫星导航、景象匹配制导等多种制导方式，能够全天候对特别重要的小型目标实施精确打击任务，圆概率误差理论上小于2米。2007年5月29日，俄军在"伊斯坎德尔"导弹武器系统上发射巡航导弹并获得成功，监测数据显示，圆概率误差仅1米。

"伊斯坎德尔"导弹武器系统既能发射弹道导弹（M型），又能发射巡航导弹（K型）。前者使用具备隐身能力的9M723型单级固体燃料弹道导弹，射程只有480千米；后者采用的是9M728型巡航导弹，打击距离可达 1000 千米。一套系统，两类导弹，是俄罗斯对"伊斯坎德尔"一种非常有效的使用策略，被称为"换弹戏法"。这种"戏法"，巧妙避开了《中导条约》的限制，又可使用巡航导弹对距离更远的作战目标实施精确打击。俄军部署在加里宁格勒的"伊斯坎德尔"，即可直接攻击美国驻德国的军事基地。

每套"伊斯坎德尔"导弹发射系统可同时装载两枚导弹，战斗中只需 3 人便可完成发射操作。从展开设备到导弹发射仅需 4 分钟。俄军发言人称，用"伊斯坎德尔"导弹打击敌导弹发射阵地、机场、指挥部等重要目标，通常只需要 1～2 发导弹，打击能力是美国"陆军战术导弹系统"（ATACMS）的 2～3 倍。它配有多种类型的战斗部，其中有集束子母弹（装填 54 枚子弹）、高爆弹、侵彻子母弹、钻地弹、空气燃烧弹、电磁脉冲弹等，可对不同类型目标实施有效打击。

"伊斯坎德尔"突防能力也特别强。其外形近似于锥体，弹体表面能有效吸收雷达波，导弹起飞后迅速抛掉弹上突出物，从而降低了导弹的雷达波反射面积，使导弹具有了一定的隐身特性。导弹的飞行轨迹，大部分在 50 千米高度以上，且导弹飞行中多次做偏离发射平面的机动，其中在导弹发射区和目标区上空的机动尤为剧烈，导弹承受的过载高达 20～30g，要对其实施拦截，拦截弹承受的飞行过载必须要达到来袭导弹的 2～3 倍，这在当前情况下是难以实现的。俄方称，"伊斯坎德尔"导弹末段突防

演习场上的"伊斯坎德尔"-M

速度超过马赫数 5.9,可以突破当今世界上所有的导弹拦截系统。以色列军方也承认,他们与美国共同研制的"箭"反导系统"不具备对付'伊斯坎德尔'导弹的能力"。

"伊斯坎德尔"导弹力量主要编成为陆军导弹旅。每旅辖 3 个导弹营。导弹营除编有 3 个发射连外,还编有司令部指挥连、工兵连和导弹操作及前送连等保障分队,具备独立遂行导弹发射任务的能力。一个发射连编有 3 辆导弹发射车。导弹旅共装备 27 辆导弹发射车,配备约 100 枚导弹(包括备用弹)。2011 年,俄罗斯国防部宣称,未来 10 年,俄军将购买 120 套

"伊斯坎德尔"导弹系统，装备 10 个导弹旅。

在很长一段时间里，面对着北约反导系统在东欧步步进逼，俄罗斯却一直缺乏 200～500 千米的陆基强火力对抗能力。直到"伊斯坎德尔"系列导弹的出现，这一局面才有所转变。2016 年 3 月，俄罗斯红星电视台播放军事新闻节目的画面中，俄罗斯空天军部队驻叙利亚赫梅明空军基地的跑道东侧出现了一辆"伊斯坎德尔"-M 导弹发射车，引起了西方舆论的高度关注。随后一段时间里，西方媒体更多地发现"伊斯坎德尔"在叙利亚战场使用的痕迹。美国《国家利益》杂志网站在报道此事时称，"俄罗斯最危险的'伊斯坎德尔'-M 导弹现已部署在叙利亚"。如同面对当年的"奥卡"一样，西方对"伊斯坎德尔"的忧心与恐惧跃然纸上。至 2021 年 12 月，俄罗斯陆军已经装备了 12 个"伊斯坎德尔"-M 导弹旅。

在 2022 年 2 月开始的俄罗斯对乌克兰的特别军事行动中，俄罗斯大量使用"伊斯坎德尔"-M 导弹。2023 年 1 月 10 日，俄罗斯国防部发布了向特别行动区内乌克兰军事基础设施发射"伊斯坎德尔"-M 导弹的视频，准确命中目标，给乌克兰造成重大损失。

"东风"起舞震寰宇,开路先行钱学森

在巍峨雄伟的中国人民革命军事博物馆中央大厅里,耸立着一件高达17.68米的大型武器——"东风"1号导弹,说明牌上写着:中国制造,最大射程590千米,弹道最大高度168千米,起飞重量20.4吨,飞行时间442秒。

它就是中国的第一种地地弹道导弹,每天在这里向成千上万的观众讲述着自己诞生、发展的故事。

"东风"1号地地导弹

1956年10月8日，中国正式成立了第一个导弹研究机构——国防部五院，从美国归国不久的钱学森被任命为院长。钱学森1935年赴美求学，是加州理工学院教授冯·卡门的弟子。在第二次世界大战中，钱学森在冯·卡门领导下参与美国重大军事项目研究，是当时被美国学术界公认的火箭技术权威学者之一。1950年，钱学森得知中华人民共和国成立的消息，便决定打点行装返回祖国，但却因此受到了长期阻挠和迫害。美国海军部副部长丹尼尔·金波尔声

钱学森一家人在归国的轮船上

称："我宁肯枪毙了他，也不让他离开美国！""那些对我们来说至为宝贵的情况，他知道得太多了，无论到哪里，他都值五个师！"

钱学森一度被送到与外界隔绝的特米那岛拘留所。后来，经多方交涉，美国联邦调查局不得不释放了钱学森，但其活动仍受到许多限制。1954年7月，中美双方就有关遣送两国人员问题进行双边会谈，达成了一项妥协性协议：中国政府释放在押的阿基诺等11名美国飞行员，他们是朝鲜战争期间在中国东北地区被捕获的；美国政府不得再扣留要求回国的中国留美科技人员。这项协议于次年得到执行，包括钱学森夫妇在内的15名留美学者，搭乘"克利夫兰总统"号轮船，于1955年秋回到祖国。

毛泽东、周恩来等党和国家领导人专门接见钱学森，听取他关于发展火箭和导弹技术的意见和建议。钱学森被任命为国防部五院院长后，中央又从全国各地调来数百名中高级技术人员，其中有任新民、屠守锷、梁守磐、庄逢甘、李乃暨、梁思礼等一批高级专家，分别担任导弹总体、空气动力、发动机、弹体结构、推进剂、控制系统等研究室的主任或副主任。在钱学森为首的一批高级专家带领下，中国的导弹事业开始起步了。

为使导弹研制有一个较高的起点，中国政府于1957年派代表团赴苏，10月15日在莫斯科与苏联政府正式签订了《关于生产新式武器和军事技术装备以及在中国建立综合性的原子工业的协定》。此协定规定，1957年至1961年年底，苏联向中国提供P-2型近程地地导弹（北约代号SS-2）和其他导弹，以及一个教学用的原子弹样品。

1957年12月24日，一辆从莫斯科出发的专列抵达北京。车上除载有两枚P-2型导弹外，还有102名苏联导弹技术人员。专程前往两国交界处的满洲里接站的任新民曾向一位来访的记者回忆了当年的情景：

"其时，正值寒冬。满洲里一连几天下着大雪，银装素裹，白茫茫一片，车站建筑只有窗户和铁轨是异色，气温降到零下30多度，哈气成霜。又刮着凛冽的朔风，把耳朵和鼻子都刮得红红的。导弹进站后，很神秘，没有举行什么仪式，而是忙着装卸，调车皮，因为两边的铁轨轨距不同。那时候，双方的关系还不错，苏联士兵还帮着我们卸车装车。"

1958年，中国开始进行P-2型导弹的仿制。科技人员分成几个课题组，学习苏联导弹的工艺技术。按照中苏两国的协定，导弹所使用的液体燃料由苏方提供，因此中国方面便没有安排这方面的力量。

时间过了一年多，仿制P-2的工作进入了最后阶段。此时中苏两党两国的关系却发生了逆转。1959年6月，苏联单方面撕毁技术援助协定，1300余名苏联专家于1960年撤回，导弹急需的液体燃料也落空了。

离开了"老大哥"的援助，中国导弹还能起飞吗？

毛泽东主席明确指示：要下决心搞尖端技术，不能放松或下马。

陈毅元帅对国防科技战线的同志说：脱了裤子当

掉，也要把中国的尖端武器搞上去！你们只要把导弹、原子弹搞出来，我这个外交部长的腰杆就硬了。

第一任战略导弹总设计师梁守磐肩负千钧重担，他向统管国防尖端武器研制的聂荣臻元帅和张爱萍上将立下军令状：保证尽快拿出合格的导弹液体燃料，让中国导弹"上天"。如果完不成任务，愿以自己的头颅担保。

本来，在国防部五院的成立大会上，聂荣臻就明确了中国导弹发展的方针——自力更生为主，力争外援和利用资本主义国家已有的科学成果。但如今，中国人只有一条完全靠自力更生的路了。

中国的科技专家浑身蕴藏着无穷的能量、智慧和勇气。就在苏联专家撤走后的第 17 天，即 1960 年 9 月 10 日，一枚近程地地导弹在酒泉基地一举发射成功。此弹为苏制 P-2 型，但使用的是中国生产的燃料。在此基础上，中国很快生产出 P-2 的仿制型——"东风"1 号地地弹道导弹。1960 年 11 月 5 日上午 9 时，酒泉戈壁滩上空又升起了一枚中国人自己制造的"东风"1 号弹道导弹。导弹在空中飞行了约 7 分钟，准确地命中了 590 千米外的目标。

副总参谋长张爱萍上将担任这次发射试验委员会主任，孙继先、钱学森、王净为副主任。聂荣臻元帅从北京专程赶赴酒泉试验基地，指挥和观看发射。在当天下午的庆功大会上，聂荣臻元帅激动地举杯祝酒说："今天，在祖国的地平线上，终于升起了我国自己制造的第一枚导弹。我们将庄严宣告：这是我国军事装备史上一个重要的转折点！"

紧接着，聂荣臻元帅又向国防部五院的科技人员提出了新的要求："要突破从仿制到独立设计这一关。"

由仿制向自行研制转变，并不是一件轻而易举的事。中央军委指示，要量力而行，循序渐进，第一步迈小一点，先搞一个近中程导弹。

为加强力量，国防部五院又在北京的南郊、西郊建立了3个分院，并从全国大专院校优选了4000名大学毕业生，从部队选调了一批优秀的军政干部。

20世纪60年代初的生活非常困难，聂荣臻元帅动员各大军区支援这支导弹研制、试验部队，沈阳军区的陈锡联上将派人送来了黄豆、苹果……广大科技人员虽然生活很艰苦，但精神饱满，日夜奋战，从1960年7月开始方案设计，到1962年年初就完成了供试射用的两枚导弹的总装测试，导弹被命名为"东风"2号。

1962年3月21日，中国自行研制的第一枚地地弹道导弹竖立在了酒泉基地的发射架上。数千名导弹研制、试验人员云集在巴丹吉林荒漠，期盼着那辉煌的一瞬。

武器的研制带有很大的风险，不可能总是"一举成功"。"东风"2号起飞十几秒后，正当人们欢呼、跳跃时，导弹发动机突然起火，一个跟头从空中栽落下来，坠毁于发射台附近约300米处，将一个厕所砸了一个大坑。

北京传来聂荣臻元帅的指示：认真总结经验教训，但不许追查任何个人责任！

失败的悲痛,变成了强大的"推进剂"。国防部五院和导弹试验基地的技术人员很快找到了失败的主要原因:一是总体方案设计中未充分考虑弹体是弹性体,在飞行中弹体作弹性振动,出现较大的摆动和滚动;二是新设计的火箭发动机比"东风"1号的推力提高了不少,但结构强度不够,导致局部破损而起火。

"东风"2号导弹发射

伫立于军事博物馆兵器馆大厅的"东风"2号导弹

针对试验中暴露出的问题，在总体设计部技术负责人谢光选和液体火箭发动机设计部主任任新民的主持下，采取相应技术措施，弥补了原设计的缺陷。为提高导弹的质量和可靠性，在实弹向空中发射之前，在新建成的试验室完成了全弹振动试验、控制系统仿真试验等17项大型地面试验计划。

1964年6月29日，修改后的"东风"2号长达20.9米的身躯，重新挺立于大西北风沙弥漫的发射场上。

"点火！"随着发射指挥员一声令下，29.8吨的导弹腾空而起，穿越大气层，准确地落在了1100千米之外的目标区。

"东风"2号于1966年装备部队。此后，中国第二炮兵部队又相继装备了中程、远程地地弹道导弹，成为具有一定规模和实战能力的战略武装力量。

大国重器——战略弹道导弹

战略弹道导弹主要用于打击对国家生存和战争胜负有重大意义的战略目标，如敌方政治和经济中心、指挥控制通信中心、军事和工业基地、大型水坝、核电站、核武器库、交通枢纽等。战略弹道导弹通常携带核弹头，多为射程在中程以上的远程和洲际导弹，是衡量一个国家战略核力量和军事科技综合发展能力的主要标志之一。按发射点与目标位置，战略弹道导弹可分为3类：地地战略弹道导弹、潜射战略弹道导弹和空射战略导弹。

地面发射 —— 第一代地地战略弹道导弹

1960年1月,苏联头号人物赫鲁晓夫在莫斯科宣布:苏联组建了一个独立的、重要的新军种——战略火箭军;炮兵元帅涅杰林晋升为炮兵主帅,任战略火箭军总司令。

涅杰林上任后即宣称:苏联战略火箭军势不可挡,可将导弹打到地球上的任何地点。

苏联领导人并不是口出狂言。他们手中已握有世界上第一种洲际弹道导弹,并部署了十几枚。

这种导弹由苏联著名火箭专家科罗廖夫设计,苏联代号P-7,北约代号SS-6,绰号"警棍"。SS-6导弹于1957年8月21日成功地进行了首次全射程试验,射程超过8000千米。该弹长30米,弹径8.5米,翼展10.3米,起飞重量300吨,装一个重约3吨的热核弹头(威力为500万吨TNT当量)。导弹推进系统首次采用了中央芯级捆绑助推级技术,将4台助推发动机串联捆绑在主发动机周围,5台液体火箭发动机,有20个推力喷管,总推力达4030千牛,发射前需要加注大量推进剂(液氧和煤油),发射准备时间需十几个小时;

苏联第一种洲际导弹 P-7(SS-6)

制导方式为无线电制导，命中精度较差，圆概率误差约8000米。导弹在地面存放和发射，地面设备复杂，生存能力弱，只能在铁路沿线部署。

科罗廖夫的惊世之作，曾令赫鲁晓夫兴奋不已。他说：有了洲际导弹，不再需要战略轰炸机，飞机可以送进博物馆了。

SS-6同时为发展宇宙运载火箭奠定了基础。一个多月后，科罗廖夫大胆地采用捆绑式的办法，用SS-6弹道导弹改装的运载火箭，于10月4日将第一颗人造地球卫星送入预定轨道。

苏联人的成就让世界目瞪口呆，美国人更是大惊失色。美国一直低估了苏联在军事科技方面的进步和潜力，当事实证明苏联在洲际导弹和巨型火箭研制方面已走在自己前面的时候，美国上上下下受到巨大的震动。有的人甚至惊呼："这是军事技术上的珍珠港事件！"苏联人先于美国研制成功洲际导弹，使美国白宫和五角大楼的政治、军事首脑们寝食不安，他们产生一种幻觉：苏联导弹即将像雨点般倾泻到美国本土上。战后不可一世的山姆大叔，第一次尝到了在高科技领域落后的苦涩味道。

美国总统艾森豪威尔下令，把发展洲际弹道导弹放在最优先的地位。在五角大楼的统一部署下，美国大约有4万人在2000家公司为"缩小导弹差距"而努力。

1957年至1958年年初，美国进行了多次洲际弹道导弹的发射试验。通用动力公司康维尔分公司为美国研制出了第一种洲际导弹SM-65"宇宙神"（Atlas），但连续几次试射都不理想：第一次因发动机

美国第一种洲际导弹 SM-65 "宇宙神"

故障而发生爆炸；第二次只飞了 4 千米便从空中栽了下来；第三次有长进，但也只飞了 800 千米，不到预定计划的 1/10。后来，"宇宙神"又经过反复改进和试验才获得成功，于 1959 年 9 月定型并装备部队。

"宇宙神"有 A、B、C、D、E、F 共 6 种型别，前 3 种为试验型，D 为训练型，E、F 为作战型。以下性能指标均以 E、F 为例：弹长 25.146 米，弹径 3.05 米，起飞重量 121 吨，携带一枚约 2 吨重的 MK-4 核弹头，威力为 500 万吨 TNT 当量；动力装置为 3 台液体火箭发动机，以液氧和煤油作推进剂；最大射程 12070 千米，是第一种射程超过 1 万千米的战略武器；采用全惯性制导系统，命中精度 2770 米；为提高生存能力，E 型导弹平时水平贮存在地下水泥掩体内，F 型导弹则垂直储存在地下发射井内，但发射时均须先加注推进剂，而后提升到地面发射。"宇宙神"单价约 180 万美元，美军共采购 381 枚，装备 13 个导弹中队。

20 世纪 60 年代初，经济、科技实力雄厚的美国，在战略核导弹的数量和质量上明显超过了苏联。1962 年 4 月，美国空军在华盛顿州拉尔森等 5 个空军基地上部署了称为"大力神"1（Titan1）的地地战略导

「大力神」1导弹地面发射

弹。这是一种两级液体导弹,最大射程 10140 千米,命中精度 2000 米,起飞重量 99.79 吨,携带 1 枚重 1397.06 千克的 W38 核弹头,TNT 当量 375 万吨。它首次采用可贮液体推进剂,反应时间为 15 分钟。发射方式为地下井贮存,地面发射。每枚导弹价值约 200 万美元,地下井造价约 400 万美元。"大力神" 1 共装备 6 个导弹中队,每个中队有 3 个发射阵地,配 9 枚导弹,约有 200 名发射维护人员;发射阵地之间相距 19.2 ~ 28.8 千米,每个阵地有 3 套发射装置;每套发射装置包括 1 枚导弹、1 个地下井、1 个推进剂室、1 个仪器设备室、1 个可控制 3 个地下井的控制中心、天线地下井、动力室、连接地下井和推进剂室的隧道等。"大力神" 1 的性能虽比"宇宙神"有进步,但仍属第一代地地战略导弹,存在命中精度低、生存能力弱、反应时间长等弱点。

"大力神" 1 导弹的发动机

地下井发射
—— 第二代地地战略弹道导弹

第一代地地战略弹道导弹只解决了有无问题，战术技术性能还很不理想。它们的火箭发动机燃料使用的是不能贮存的液体推进剂，只能在发射前临时加注，准备时间比较长。

1962年3月，"大力神"的主承包商马丁公司研制成功第二代地地战略导弹"大力神"2。它使用可贮存液体推进剂，不仅平时贮存在地下井内，还可从

"大力神"2 导弹发射

"雅典娜"计算机

地下井直接发射,具有较强的生存能力,反应时间缩短为 60 秒;采用全惯性制导,克服了无线电制导易受干扰、精度低的缺点;射程达 11700 千米,圆概率误差降至千米之内(930 米)。

率先采用地下井发射技术的"大力神"2 导弹,全长 33.52 米,其中一级弹体 20.4 米、二级弹体 8.85 米、战斗部长 4.27 米,内装重 3.5 吨、威力达 1000 万吨 TNT 当量的核弹头。液体弹道导弹的造价比较高,"大力神"2 每枚成本约 2200 万美元。这种导弹共装备了 6 个中队,分别部署在小石城、戴维斯·芒逊和麦库尼尔 3 个空军基地,导弹总数 54 枚。"大力神"2 从 1963 年 12 月开始部署,直至 1984 年才陆续退役，是美国战略武器中唯一长期服役的液体弹道导弹。

在"大力神"2导弹发射基地，可看到庞大的计算机专用设备，用于计算弹道和解算弹道修正指令。计算机被命名为"雅典娜"，研制者为著名的雷明顿·兰德公司，其核心计算单元由2100个晶体二极管、7000个晶体三极管、24000个电阻、3000个组条线构成。

20世纪60年代初期，美国空军还装备了一种三级地地战略导弹——"民兵"-1（Minuteman-1）。该导弹的主承包商为波音公司，生产总数达930枚，每枚价格560万美元。"民兵"-1与被它取代的"宇宙神"相比，具有体积小、重量轻（起飞重量约30吨）、反应时间快（60秒）、结构简单、可靠性高和成本低等优点，"民兵"-1的成本仅为"宇宙神"的1/3，操作人员比"宇宙神"减少7/8。

1965年10月，美国怀特曼、波尔兹沃斯等空军基地开始部署了"民兵"-2地地战略导弹，逐步取代了"民兵"-1。"民兵"-2采用三级固体火箭发动机，在射程、有效载荷、命中精度等性能方面比"民兵"-1有显著提高。它的最大射程11260千米，圆概率误差降至560米，反应时间缩短为32秒，是第二代地地战略导弹中的佼佼者。"民兵"-2为单弹头，弹头威力为100～200万吨TNT当量，采用地下井热发射方式，共部署500枚，每枚价格约780万美元（1984年价）。

20世纪50年代至60年代中期，苏联也发展了第二代地地战略导弹，型号有 SS-7、SS-8、SS-9，采用了可贮存液体推进剂、地下井发射、惯性制导等新技术，缩短了反应时间，提高了防护能力和命中精度。SS-7 为两级液体洲际导弹，1961 年开始装备部队，最大射程 11000 千米，圆概率误差 2000 米，作战反应时间约 60 秒，弹头威力为 500 万吨 TNT 当量。SS-8

加装集束式多弹头的 SS-9 导弹试射

是 SS-7 的改进型。到 1964 年，这两种洲际弹道导弹部署约 220 枚。SS-9 于 1965 年开始服役，1967 年 11 月在莫斯科红场阅兵时首次亮相，最大射程增至 12000 千米，携带 1 枚威力达 2500 万吨 TNT 当量的热核弹头。制导系统有较大改进，圆概率误差最小为 185～220 米。至 1970 年，苏军部署了 288 枚 SS-9 导弹。

多弹头突防
—— 第三代地地战略弹道导弹

在赫鲁晓夫下台时的 1964 年，苏联拥有的洲际导弹、潜射弹道导弹和战略轰炸机共计 510 件，约为美国的 1/4，处于明显劣势。勃列日涅夫上台后，提出了既准备打核战争又准备打常规战争的双重军事战略，在全球范围内加紧与美国争夺霸权。20 世纪 60 年代中期和 70 年代初期，苏联首先集中力量发展第三代陆基洲际导弹。到 1970 年，苏联已部署约 1100 枚，在数量上超过了美国，主力型号为 SS-9 和 SS-11，命中精度约 1000 米。由于当时反导技术的发展，这一代导弹增加了突防装置，可携带多弹头，提高了突防能力。1971 年服役的 SS-9 Ⅳ型，可携带 3 个集束式多弹头。集束式多弹头的母舱和子弹头均无制导和推进系统，在预定释放点，几个子弹头同时离开母舱，作惯性飞行，能均匀地分布在一个较大的目标区域内，毁伤大面积目标效果好，但不宜打击硬点目标。

20 世纪 70 年代，美国和苏联的军备竞赛达到了一个高潮。苏联每年把占国民生产总值 15% ～ 17% 的巨额投资用于发展军事力量。在战略导弹等一些主要武器种类上，数量有的接近美国，有的超过了美国。美国军事专家认为，美苏之间已经处于"战略平衡"状态。

在第三代地地战略导弹竞争中，美国人在质量上仍处于优势，具有代表性的产品是 1970 年 6 月开始服役的"民兵"-3。

"民兵"-3 导弹发射

"民兵"-3 是世界上第一种装分导式多弹头的地地战略导弹。弹长 18.26 米,弹径 1.67 米,起飞重量 35.4 吨。它携带 MK-12 或 MK-12A 母弹,其中,MK-12 内装 3 枚 17.5 万吨 TNT 当量的子弹头,MK-12A 内装 3 枚 33.5 万吨 TNT 当量的子弹头。"民兵"-3 射程 9800～13000 千米。在第三级分离后不久,大约在 240 千米高空,末助推控制系统开始工作,按计算机预定程序,对母弹头的速度和方向进行调整,而后依次投放子弹头,落点间距离可达 60～90 千米或更远一些,能有效地突破敌方反导弹武器的拦截,具有打击多个目标的能力,命中精度达 185 米。弹上装有指令数据转换系统,可随时更换计算机内储存的目标，只需约 25 分钟即可完成，使导弹具有更灵活的选择目标的能力。

1975 年，美国空军实施"撒胡椒粉计划"，经飞行试验验证，"民兵"-3 能携带 7 个 10 万吨 TNT 当量的子弹头。1986 年前，"民兵"-3 导弹数量一直保持在 550 枚左右。目前，经改进的"民兵"-3 仍在服役，部分导弹改为单弹头。

苏联掌握分导式多弹头技术晚于美国，1975 年开始部署第一种分导式多弹头洲际弹道导弹——SS-17（苏联代号为 PC-16），用来取代 SS-11 导弹。SS-17 为两级液体导弹，部署在经过改装和加固的 SS-11 地下井中，采用地下井冷发射方式，即用燃气发生器产生的燃气将导弹从地下井推出，然后导弹的主发动机开始点火工作。SS-17 有 3 种型别，其中 I 型和 III 型为分导式，可携带 4 枚 7.5 万吨 TNT 当量的弹头，命中精度约 450 米。

分导式弹头
——第四代地地战略弹道导弹

在第四代地地战略导弹的研制和部署上，苏联人走在了前面。20世纪70年代中期发展的这一代导弹，主要特征是携带更多的分导式子弹头，突防能力和摧毁目标的能力更强。1979年，苏联部署了多用途大型洲际导弹SS-18（苏联代号PC-20，北约绰号"撒旦"）。该弹长36.6米，弹径3.35米，起飞重量220吨，是世界上最大的两级液体洲际导弹。SS-18共发展了6个型号。早期的3个型号为单弹头，当量为1800～2500万吨。1980年开始装备的SS-18 Ⅳ型，可携带10个分导式弹头，每个子弹头威力为100～200万吨TNT当量，命中精度420米。1988年又部署了SS-18 Ⅴ型，当量和精度有大幅度提高。该型导弹可携载40多个突防干扰的诱饵，不仅有常规的金属箔条、角反射器等，还有有源干扰装置，可有针对性地对付敌方的雷达、红外侦察、红外导引头，将真弹混杂在一片假目标中。目前，俄罗斯境内共有3个SS-18导弹师，装备144枚SS-18 Ⅳ和SS-18 Ⅴ型导弹。2002年8月，俄罗斯国防部长伊万诺夫视察位于乌拉尔山脉中的卡尔塔雷导弹基地时，高度赞扬SS 18导弹，称其至今仍然是俄罗斯"战略力量战斗力的核心"，能够"战胜任何最现代化的防御系统"。几天后，俄罗斯战略火箭军总司令索罗托佐夫上将宣布，将对3个地下井发射的SS-18导弹师的装备进行翻修和升级，延长它们的服役期限，成为

SS-18 "撒旦" 洲际导弹发射

确保国家安全的战略核武器。

美国研制第四代地地战略导弹的起步时间还略早于苏联，但进程较慢。美国战略空军司令部于1971年提出研制"先进洲际弹道导弹"计划，简称MX导弹，1973年开始预研，1979年展开全面研制，由马丁·马丽埃塔公司为主承包商。直到1983年6月，MX导弹才进行了首次研制性飞行试验，后命名为"和平卫士"（Peacekeeper），代号为MGM-118A。它采用三级固体火箭发动机和液体火箭末助推发动机作动力装置，弹长21.6米，弹径2.34米，起飞重量86.4吨，射程11100千米；可投掷3.6吨载荷，携带10个MK21子弹头，总威力约50万吨TNT当量，子弹头的纵向分导距离可达1500千米，每个子弹头重 194 千克（内部核装置为 W87），爆炸当量 475 千吨，比威力（威力与重量之比）高达 2.45 千吨/千克（20 世纪 50 年代的核武器只有 0.79 千吨/千克）；制导系统采用先进的浮球式惯性平台——高级惯性基准球，弹内装有一个体积很小的高速电子计算机，运算速度为 185000 次/秒，是"民兵"-3 导弹 D37D 计算机的 5～6 倍，而且采用全球定位系统，可接收 4 颗卫星发出的信号，用于修正导弹的飞行轨迹，首

"和平卫士"洲际导弹发射

次将圆概率误差降低到百米以内（90米），是世界上命中精度最高、杀伤力最强的洲际导弹。MX 导弹计划的总费用达 332 亿美元，每枚导弹费用约 6637 万美元。

里根担任美国总统后，面临的一件亟待确定的大事便是如何部署 MX 洲际导弹，使其不易被敌方摧毁。为此，美国军方、政府、议会煞费苦心，争论不休。各方提出的方案多达百余种。

陆军主张：安装在地下发射井内。反对者指出：在卫星侦察之下，地下发射井已无密可保，作为固定目标很易遭受敌方导弹打击。

空军主张：把 100 枚 MX 装在 100 架军用运输机上，实施空中机动发射。反对者指出：MX 是个 86 吨的庞然大物，空中机动谈何容易？

海军主张："潜基机动"，将 MX 部署在一种小型潜艇上。空军攻击说：水下核爆炸引起的海啸，会把潜艇弄得像炸翻的鱼一样肚皮朝天。

民间也有不少热心者为 MX 部署之事出谋划策，一位中学生提出的"掩体跑道系统"颇有新意：为每枚 MX 建设 23 个加固的发射点，用路轨相连，MX 装在发射车上，在各发射点之间机动，就像捉迷藏一样，使敌方弄不清导弹的准确位置。1983 年，尚在执政的卡特总统非常赞赏这个设想，指示军方进一步完善，再拍板敲定。

美国军方提出部署 200 枚 MX 的方案，共需建 200 个"闭合环路"、4600 个发射点。敌方要摧毁这 4600 个发射点，需 9200 个核弹头，苏联暂时还办不到。但是，马上又有人提出反对意见：此方案耗资巨大，占地面积等于半个瑞士，需开挖的土方是开凿巴拿马运河的两倍。

因部署方案难以确定，新问世的MX导弹被搁置了好几年。1984年里根任总统后，对是否实行"掩体跑道系统"方案仍举棋不定。面对苏联SS-18、SS-19等第四代地地战略导弹的大规模部署，里根认为MX不能再拖延下去了，最后决定仍按照老办法，从1986年开始，先在经过改装和加固的"民兵"-3导弹地下井中部署50枚MX，初步形成了作战能力。

20世纪80年代中期，苏联也研制成功一种与美国MX导弹类似的PT-23洲际弹道导弹（北约代号SS-24，绰号"手术刀"），采用三级固体火箭发动机作动力，起初部署在SS-11的加固地下井中，然后又改为铁路列车机动发射。SS-24仍采用惯性制导，圆概率误差为200米，在苏制战略导弹中属最佳。它的弹头威力大，有10个35万吨TNT当量的分导式弹头，射程可达13000千米。与同期美制战略导弹相比，苏制导弹爆炸威力更大，而在命中精度等性能上略逊一筹。目前，俄罗斯部署有一个铁路机动发射的SS-24导弹师，装备36枚导弹，从2002年开始进行翻修和升级，使它们再延长服役十几年。

小型化和机动化 —— 第五代地地战略弹道导弹

美国和苏联在发展第五代战略导弹时，都把提高生存能力放在优先考虑的地位，战略导弹向小型化、机动化、高突防、高精度方向发展。

1983年2月，苏联成功试射世界上第一种陆基机动式小型洲际导弹——SS-25"白杨"。既要洲际，又要小型，便舍弃了多弹头。SS-25弹长约18米，弹径1.8米，采用固体火箭发动机，起飞重量35吨，携带一个75万吨TNT当量的核弹头，射程9976千米，命中精度260米，装在一辆轮式运输起竖发射车上，可随时在公路上机动。

苏联的成功对美国是个不小的刺激。美国国务卿基辛格极力主张战略导弹应小型化、机动化。他批评巨型多弹头战略导弹时打了个比喻：把许多鸡蛋塞进一个篮子里，太危险了！

1983年5月，美国空军成立"侏儒"导弹计划局，组织军方和承包商研制小型洲际导弹。1988年年底，"侏儒"（Midgetman）导弹开始首次飞行试验，1992年具备初步作战能力。这种导弹弹长16.15米，弹径1.17米，起飞重量16.8吨，在洲际导弹家族中个头最小、重量最轻，是名副其实的"侏儒"。

"侏儒"总设计师的基本指导思想是通过随时机动来提高导弹的生存能力。马丁公司专门为它设计了一种加固机动发射车，时速可达96千米。"侏儒"以公路机动发射为主，打了就跑，机动范围为3万平方千米。

美国"侏儒"洲际导弹

"侏儒"的制导系统十分先进，对导弹飞行的全程都制导，其中主动段制导采用 MX 导弹制导系统的改进型——轻型高级惯性参考球制导系统，中段制导采用星光惯性制导系统，末段采用末端定位系统的末制导装置，使导弹在最大射程内（10000～12000 千米）的命中精度达到 30 米。它的战斗部装备突防能力很强的 MK-21 弹头，威力为 30～50 万吨 TNT 当量。这种弹头内装有末制导系统，可以机动，能躲开反弹道导弹的袭击，并确保弹头准确命中目标。

到20世纪80年代后期，美苏的战略核导弹武库已经爆满，双方均具有摧毁对方几十次的能力。戈尔巴乔夫在苏联执政后，主张缓和超级大国之间军备竞赛，双方做了些实质性的妥协，延续近半个世纪的战略核导弹竞赛随之降温。

俄罗斯在20世纪研制的最后一种、也是最先进的一种战略地地导弹为SS-27，由莫斯科热力工程研究院在SS-25的基础上改进而成，国内命名为"白杨"-M。1998年12月8日，俄罗斯战略火箭军在普列谢茨克对"白杨"-M进行了第6次试射并获得成功，各项战术技术指标都达到了预期要求。不久，第一个"白杨"-M导弹团正式组建。俄罗斯原计划从1999年起，每年部署20～40枚"白杨"-M导弹，到2004年年底达到160～220枚。但由于"白杨"-M制造费用相当高，国家资金不足，到2002年仅部署了29枚，到2005年也仅达到50～60枚，远不能满足俄罗斯的战略需求。因此，不得不让SS-18、SS-24等老型号经升级改进后继续服役，这样可花费较少的经费，保持俄罗斯的战略威慑力量。

俄罗斯将军们常以"白杨"-M导弹为自豪，称它是目前世界上性能最优异的洲际导弹，将为21世纪头30年内保持世界稳定发挥重要作用。"白杨"-M采用3台固体推进剂发动机，惯性自主式制导，射程超过1万千米，命中精度小于90米，有两种发射方式——公路机动发射和地下井发射。该导弹系统总设计师称："白杨"-M的弹道很特殊，设想中的弹道

"白杨"-M 洲际导弹

"白杨"-M 导弹发射

"萨尔马特"重型洲际导弹

导弹防御系统几乎不可能拦截它。目前该导弹为单弹头,但随时可根据需要改装成带 3~4 个分导式多弹头。

进入 21 世纪后,俄罗斯加紧研制新一代陆基战略武器。2022 年 4 月,PC-28 "萨尔马特"重型洲际导弹完成了首次全射程试射,2023 年进入战斗值班。该导弹采用井基发射,最大射程 1.6 万千米,爆炸威力相当于 2500 万吨 TNT 当量,被称为"核弹之王"。它不仅威力大,而且具有强大的突防性能,

"萨尔马特"导弹发射

美国目前的导弹拦截系统对它无能为力。美国现役反导系统导弹最大飞行速度为马赫数13，而"萨尔马特"超过马赫数20，不仅追不上，而且"够不着"："萨尔马特"发射后，在1000千米的高度飞速奔驰，而反导导弹所达飞行高度仅有约200千米。下降突防阶段，"萨尔马特"将分解为10～15个分导式弹头，再加上几十个诱饵，反导系统也无法应对。

朝鲜"火星"-17机动式洲际导弹发射

2017年7月，朝鲜借助从乌克兰获得的RD-250大推力火箭发动机技术，试射成功"火星"-14弹道导弹，最大射程7000～8000千米，拥有了第一种洲际导弹。2022年3月24日在平壤顺安国际机场试射成功的"火星"-17，可搭载2～3枚分导式核弹头，最大射程超过15000千米。朝鲜由此成为世界上屈指可数的拥有洲际弹道导弹技术的国家，并建立了战略军。

终极核威慑 —— 核潜艇横空出世

在第二次世界大战中以研制成功 V-2 导弹而闻名于世的德国火箭专家冯·布劳恩，战争结束后又为美国效劳，研制成功第一种可携带核弹头的"木星"中程导弹。

布劳恩不仅是研制陆基战略导弹的权威，在第二次世界大战后期还进行过潜艇水下发射火箭的试验。布劳恩的新成果，引起了美国海军高层将领的极大关注。

"我们新造的核潜艇，主要以鱼雷为攻击武器，威慑力还远远不够，能不能发射核导弹呢？"海军部部长派出两名军官，专门去请教布劳恩。

"行，水下发射导弹没问题。"布劳恩回答得很干脆。

于是，海军拨出巨款，成立了由雷伯恩少将主管的特种工程办公室，在布劳恩指导下开始研制战略导弹潜艇。

布劳恩为海军设计的潜射导弹，基本上是陆基"木星"的翻版。它俨然是个庞然大物：高 18 米，直径 2.7 米，弹头重 720 千克，射程 1500 海里（1 海里为 1.852 千米）。同布劳恩一起工作的海军中校哈斯勒是潜艇方面的专家，对导弹也有相当深刻的了解。他向布劳恩建议："这样的巨型导弹，装进潜艇很困难，能否设法缩小导弹的体积呢？"

"这几乎是不可能的，只有把潜艇造得大一些。"布劳恩拒绝考虑哈斯勒的意见。

实际上，布劳恩也为导弹的尺寸费尽了心机。但由于火箭发动机采用的是液体燃料，比重只有水的1/5，燃料箱必须做得很大，导弹的体积就很难压小。18米的导弹，在潜艇内只能竖着放，再加上发射装置，会超过20米。按照这个尺寸造潜艇，排水量将达3万吨，高度比"鹦鹉螺"核潜艇大1.5倍。

雷伯恩少将听取了专家们的汇报，组织有关人员进行多次论证，最终确认：布劳恩设计的"木星"改型导弹，不适宜潜艇使用。

不久，哈斯勒另辟蹊径，提出了研制固体燃料潜射导弹的设想。雷伯恩支持哈斯勒的大胆创意，毅然决定与布劳恩分道扬镳，由海军独自研制这种全新的导弹。

新方案很快得到美国海军部的批准，并将设想中的导弹定名为"北极星"，战略导弹潜艇工程称为"北极星计划"。

经过艰苦努力，特种工程办公室的专家们找到了一种比较理想的固体燃料，用聚氨酯、过氯酸铵和铝粉复合制成。固体燃料比重大，所含能量高，可以加工成任意形状，平时就充填在燃烧室内，而液体燃料只能在发射之前加注。用固体燃料制成的导弹，不仅个头小，而且安全性好，操作方便，特别符合水下发射的实战要求。

与此同时，美国的核弹头专家密切配合，推出了重量只有270千克的小型弹头，而威力却不逊于"木星"700多千克重的大弹头。

1957年秋，雷伯恩领导下的专家们把设想一步步变成现实，完成了"北极星"导弹的模型：导弹高

8.5米，直径1.37米，实弹重12.6吨，预计射程1500海里。

"北极星"的突破性进展，引起了白宫官员们的关注。特别是苏联发射成功第一颗人造地球卫星、拥有洲际核导弹后，"北极星"计划作为同苏联进行核竞赛的重要砝码。白宫和五角大楼要求雷伯恩抢时间，争速度，务必在1959年年底或1960年年初造出第一艘战略导弹核潜艇。

雷伯恩立即压缩了"北极星计划"的进度表，两路人马、两条战线的工作同时高速运转：以哈斯勒为核心的专家们继续搞实用型潜射导弹；以阿特金森为首席设计师的格罗顿船厂，根据已确定的导弹尺寸，开始设计和制造核潜艇。

只有32岁的阿特金森，已主持设计过2艘攻击型潜艇。他思维敏捷，富有创新精神。阿特金森借鉴正在建造中的攻击型核潜艇的新成果，很快拿出了弹道导弹核潜艇设计方案：采用先进的水滴形艇体；导弹舱设置在中间，长39.6米，将16枚"北极星"导弹排成两列；潜艇全长116.3米，宽10.1米，吃水9.9米，水下排水量6900吨。

按照常规程序，设计、建造这样一艘战略核潜艇，最少需要3年以上时间。为了达到最高军事当局的要求，格罗顿船厂总经理调集全厂熟练工人和技术人员，突击会战，终于抢在1959年12月建成了潜艇，只用了24个月。

捷报传到五角大楼，海军部官员们格外兴奋，将世界第一艘战略导弹核潜艇命名为"乔治·华盛顿"号。

1960年7月,"乔治·华盛顿"号沿美国东海岸南下,在佛罗里达州的卡纳维尔港装上了"北极星"导弹,而后驶向设在巴哈马群岛附近海域的试验发射场。

浩瀚的大西洋风平浪静,一轮火红的太阳从海平线冉冉升起。由几艘护卫和观察舰船陪伴,"乔治·华盛顿"号顺利抵达预定海域,随即下潜到30米左右。

12时38分,艇长开始倒数计时。

"……5,4,3,2,1,0,发射!"导弹操作手熟练地按下发射按钮。随着"嘭"的一声闷响,一枚尖头导弹夹带着水柱,以每秒40米的速度破水腾空。升到大约25米高度时,火箭自动点火。团团烈焰从尾部喷出,下面的海水翻腾起滚滚浓雾。观察船上的技术人员和记者们忙得不可开交,照相机、摄影机抢拍下了潜射导弹出水的壮观场面。人们仰望着以垂直姿态扶摇升空的导弹,异口同声地呼唤:"北极星!北极星!"

潜艇里,监控、制导系统仍在紧张地工作着。根据制导系统的指令,飞行中的导弹不时调整方向角和仰角。55秒钟后,第一级火箭的使命完成,与导弹脱离,此时飞行高度为24千米。接着,第二级火箭点火,导弹增速,65秒飞行了89千米。弹头与第二级火箭分离时,获得了第一宇宙速度(7.9千米/秒),凭着惯性冲出稠密的大气层,向弹道的最高点飞去。在大气层外飞行一段距离后,弹头便根据制导系统指令重返大气层,向1100海里外的小安的列斯群岛以北海域飞去,命中了1800千米处的预定目标。

"乔治·华盛顿"号潜射导弹发射成功的消息，成为世界各大报刊的头条新闻。美国人又扬眉吐气了。他们率先建立了对方无法摧毁的第二次核打击力量，在核竞赛中独占鳌头。"乔治·华盛顿"号水下发射导弹的成功，向世人昭示：战略核武器的攻击又多了一维新的空间。这种攻击比来自陆地、海面和空中的攻击范围更广，隐蔽性更好、更具威力。

"北极星"系列潜射弹道导弹前后共生产3个型号，分别是"北极星"A1、A2、A3。这些型号均采用水下发射、出水后点火的方式，即由燃气发生器

乔治·华盛顿号核潜艇

"北极星" A3 发射

产生高压气体将导弹推出水面后点火。"北极星" A1 的载体为 5 艘"华盛顿"级核潜艇，此后还建造了专门用于携带"北极星"导弹的"伊桑·艾伦"级核潜艇，每艘可携带 16 枚导弹。1965 年 10 月，起飞重量 13 吨、最大射程 2200 千米、圆概率误差 1850 米的"北极星" A1 全部退役，后继型为起飞重量 14.7 吨、最大射程 2800 千米、圆概率误差 927 米的"北极星" A2。"北极星" A2 于 1961 年 10 月首飞试验，1962 年开始服役，共生产装备了 208 枚。其二级发动机壳体由钢材改为玻璃纤维材料，推进剂采用新研发的硝化纤维和硝化甘油代替原来的聚氯甲酸乙酯，因而重量减轻，推力提高，射程增加。"北极星" A2 载体为 5 艘"伊桑·艾伦"级和 8 艘"拉斐特"级核潜艇，每艘潜艇可携带 16 枚导弹。1974 年 11 月，"北极星" A2 全部被"北极星" A3 所替代。

"北极星" A3 的最大射程达到 4600 千米，圆概率误差缩小至 600 米，攻击能力、突防能力和生存能力均大幅度提高。在总体尺寸变化不大的情况下，"北极星" A3 采用了诸多先进的设计和工艺。例如，一、二级发动机都采用玻璃纤维材料；推力矢量控制用新型液体二次喷射系统代替了原来摆动喷管，结构重量进一步降低；以多弹头代替单弹头，弹头外形由原来的锥柱形改为锥形。由于改进项目多，"北极星"A3 的发射试验进行了 38 次。1964 年 12 月 25 日，配装"北极星"A3 导弹的"拉斐特"级"布恩"号核潜艇开始在太平洋上进行作战巡逻。此后，美国海军"拉斐特""伊桑·艾伦"级等 41 艘核潜艇全部装备了射程 4600 千米的"北极星"A3 弹道导弹，弹道导弹核潜艇第一次构成了真正的全球性威慑力量。

1965 年 1 月 18 日，针对苏联新的反导系统，美国总统约翰逊在国会宣布，为海军研制一种全新的弹道导弹——"北极星"B3，后被正式命名为"海神"C3，编号 UGM-73A，为美国第二代潜射弹道导

美国"海神"C3 潜射弹道导弹试验发射

"海神"C3(左)和"三叉戟"潜射弹道导弹(右)

弹。研制任务由洛克希德公司与航天公司承担,研制费用约 40 亿美元。1968 年 8 月 16 日,"海神"C3 在肯尼迪角首次发射试验成功。与"北极星"A3 相比,"海神"C3 的块头大了不少:导弹直径由 1.37 米增至 1.88 米,长度由 9.86 米增至 10.36 米,起飞重量由 16.2 吨增至 29.5 吨。最大创新之处是采用分导式多弹头(MIRV)技术,每枚子弹头可以独立打击目标。"海神"C3 可配置 6 枚分弹头,最大射程 5200 千米;最多能配置 14 枚分弹头(W-76,10 万吨 TNT 当量),最大射程 4000 千米,圆概率误差 463 米。

1971 年 3 月 31 日,首批服役的"海神"C3 伴随"詹姆斯·麦迪逊"号核潜艇出航。至 1977 年,31 艘"拉斐特"级核潜艇全部换装"海神"C3,作战海域遍布全球。"海神"C3 潜射弹道导弹共生产了 619 枚,

1979—1992年陆续退出现役，被更先进的"三叉戟"潜射弹道导弹所替代。

1971年，美国海军提出水下远程导弹系统（ULMS）项目，招标研制替换"海神"导弹的远程潜射导弹，洛克希德公司在竞争中获胜。该公司的两步走发展方案诞生了"三叉戟"IC4和"三叉戟"Ⅱ D5导弹。

"三叉戟"IC4导弹实际是"海神"C3的改进型，又称增程型"海神"C3，弹径与"海神"C3相同，但增加了一个第三级，同时采用高效能推进系统和更先进的制导技术，最大射程达到了7400千米，圆概率误差也减至230～500米。战斗部为8～10个分导式子弹头，每个子弹头威力为10万吨TNT当量。"三叉戟"IC4于1977年1月首飞试验成功，1979年开始实战配备，共生产了630枚。

"三叉戟"Ⅱ D5于1983年开始研制，1989年3月进行了首次水下发射，1990年3月宣布形成了初始作战能力，主要装备"俄亥俄"级核潜艇，每艇载弹24枚。它采用多项前所未有的新技术，固体火箭发动机性能十分出色。例如，第一级和第二级火箭采用全新研制的碳纤维环氧树脂复合材料壳体；高冲比的NEPE-75（硝酸酯增塑聚醚-75）高能推进剂；采用GPS、星光、惯性联合制导方式，使命中精度大幅度提高。

与"三叉戟"Ⅰ相比，"三叉戟"Ⅱ长度增加了3.6米（弹长13.96米），起飞重量（58.07吨）和投掷重量（2722千克）都增加了近一倍，射程更远，命

"三叉戟"Ⅱ D5 导弹分导式母舱及子弹头

中精度更高,打击敌方坚固目标(地下指挥所、导弹发射井等)的能力提高 3～4 倍。

射程远、威力大、命中精度高是"三叉戟"Ⅱ导弹的显著优点,可靠性也独步全球。2017 年 9 月 7 日,美国海军连续成功发射两枚"三叉戟"Ⅱ导弹,发射成功次数增加到 167 次,再一次刷新了该系列导弹的成功发射纪录。

半个多世纪以来,美国海军把发射弹道导弹的核潜艇作为"三位一体"战略核威慑的重点,作为手中的"王牌"。一位美国总统在裁军谈判桌上这样宣称:我可以不要航空母舰,不要远程轰炸机,不要海军陆

「三叉戟」Ⅱ D5 发射

战队，只要给我一艘携带战略导弹的核潜艇，我将对世界上的每一个角落都构成威胁。

这并不是耸人听闻。请看美国"俄亥俄"级战略导弹核潜艇的作战能力：可携载24枚"三叉戟"Ⅱ弹道导弹，每枚可携带8～12个分导式核弹头，每个弹头的爆炸威力10万吨或47.5万吨TNT当量。按一般装载10枚当量47.5万吨的W-87弹头计，1艘"俄亥俄"级潜艇所载核导弹的总爆炸能量可达11400万吨TNT当量，相当于5000多颗投在日本广岛的原子弹！"三叉戟"Ⅱ D5的射程达11000多千米，圆概率误差90～120米。这意味着，即使美国所有的武器都在敌方的第一次核攻击中被摧毁，只要保存一艘"俄亥俄"级核潜艇，就可以向敌方实施有效的核报复。

据2002年资料，美国海军拥有"俄亥俄"级潜艇18艘，部署了432枚"三叉戟"Ⅱ D5潜射导弹，安装了3120个核弹头，在国家核力量中的比重达50%以上。

"三叉戟"Ⅱ D5入役已近30年，据美国《侦察勇士》网站等媒体2017年8月报道，美国海军正在加紧对"三叉戟"Ⅱ D5升级改造，将其服役时间再延长50年。权威人士称，"三叉戟"Ⅱ D5的综合性能在世界潜射导弹中首屈一指，在当前和今后若干年内仍将称雄世界。

北极熊"撒手锏"——苏联潜射弹道导弹

半个多世纪以来,苏联与美国互争高下,先后研制装备了三代十多种潜射弹道导弹,潜射技术从水面发射到水下发射,推进技术从液体火箭发动机到固体火箭发动机,至今仍是世界上拥有战略潜射导弹最多的国家。

1948年10月18日,科罗廖夫院士主持研制的第一种陆基弹道导弹发射成功,苏联海军专家和主官格外关注:"弹道导弹是否也可以装备军舰和潜艇呢?"不久,海军科学技术委员会主席、海军上将弗拉基米尔斯基向苏共中央和政府的主要领导人递交了报告,苏联部长会议于1954年1月做出了"研究从潜艇上发射弹道导弹可行性"的决议,由此开始了系统化大规模的研究。选择导弹燃料类型曾是确定海基弹道导弹发展方向的重要问题。在这方面有着丰富经验的美国人,于1955年得出了在潜射导弹发动机中使用液体燃料没有前途的结论,同时着手研制新型固体燃料导弹"北极星"。苏联走的是另一条技术路线——以液体燃料为主,因为20世纪50年代中期苏联还没有能力研发高能量指标的固体燃料火箭发动机。

苏联第一种海基弹道导弹的研制,起初由科罗廖夫担任总设计师,到装艇阶段便交给了马克耶夫设计局,以后海军所有潜艇发射弹道导弹的成就,都与马克耶夫的名字联系在一起。

1955年9月16日,一艘611改进型常规潜艇

P-11ФМ弹道导弹

（在指挥台围壳后部安装了2个导弹发射筒）驶入白令海，在水下做好发射准备后浮出水面，打开发射筒盖，筒内的液压升降机将导弹升至发射筒顶部，而后点火发射。这枚全长10.3米、起飞重量55吨的导弹飞行了150千米，命中了预定目标。这是世界上第一次潜艇成功发射弹道导弹，导弹采用一级液体燃料火箭推进和惯性制导，只能在不大于4～5级海况水面状态下发射。导弹被命名为P-11ФМ，1959年开始装备海军，苏联由此成为世界上第一个拥有弹道导弹潜艇的国家。P-11ФМ实际上是改进的陆基P-11"飞毛腿"导弹上艇，其火箭发动机使用的燃料，用煤油和硝酸取代了易挥发的乙醇和液氧，显著降低了火灾爆炸危险。

此后，苏联又有加大射程而发展的P-13、P-21

（北约代号分别为 SS-N-4、SS-N-5）等。P-13 也是一个单级液体燃料导弹，弹长 14.6 米，

直径 1.8 米，最大射程 650 千米，战斗部为百万吨级的核装药。苏联为该导弹系统专门研制了设有 3 个导弹发射筒的 629 型潜艇，该艇是在 611 型潜艇的基础上增加了一个导弹舱，导弹排放在指挥台围壳中，围壳被加长和加高了许多。导弹的发射原理没有变，能够在 15 节（1 节为 1.852 千米 / 小时）航速、任意航向角、5 级海浪下、任意的大气条件下在水面进行发射。在导弹部署之前的测试中，苏联海军先后发射 32 枚导弹，成功率 81%，圆概率误差 1.8～4 千米。P-13 导弹于 1961 年 10 月开始装备苏联海军，服役至 1975 年。

P-21 是苏联第一种潜艇水下发射的弹道导弹，由马克耶夫设计局 1963 年研制成功，最大射程 1420 千米，先后装备 629A 型和 658M 型潜艇。携载 P-21 导弹的潜艇，可在 5 级海况下以 4 节航速航行在水下 30～50 米，采用"热发射"方式进行发射。

所谓"热发射"，是导弹在发射筒内点火时，以本身的推力发射，又称"湿式发射"。发射时，处在水下的潜艇先向发射筒内充气，使筒内压力与筒外海水压力相等，再将发射筒盖打开，筒口的隔膜把水隔开，然后启动发射动力。动力源可以是高压空气，也可以是蒸汽或燃气。发射动力系统点燃燃气发生器内的火药，产生的高温高压燃气流通过冷却器，将冷却器里的水加热产生高压蒸汽，这种高温高压燃气-蒸汽混合气体进入发射筒内，推动导弹向上运动，冲破

筒口隔膜，进入水中，继而冲出水面上升到空中，火箭发动机自行点火，按预定轨道飞向目标。导弹出水后，大量海水涌入筒内，然后关闭筒盖，把部分多余的海水排入专用水舱后再排出艇外，使筒内的海水重量与导弹重量相等，以保持潜艇的平衡。"热发射"优点是发射结构简单，可靠性强；缺点是危险性大，对发射系统烧蚀非常严重，须设有专门的排气通道，发射系统体积庞大。俄罗斯装备的导弹多采用液体燃料，大都采用"热发射"方式。

另一种水下发射方式为"冷发射"。这种发射方式是借助辅助动力把导弹从发射筒内弹射出去，在导弹到达一定高度时再点燃主发动机。导弹及其发射设备不受导弹主发动机产生的高温燃气的影响，故称"冷发射"，也称"干式发射"。"冷发射"首先用于鱼雷发射，而后推广用于导弹的潜艇水下发射。辅助动力源为潜艇上独立的燃气发生器制造的高压蒸汽，待导弹离开艇体后再点火。美国和多数国家的潜射战略导弹都采用"冷发射"方式。"冷发射"的主要优点：压力变化平稳，可获得理想的内弹道参数；温度较低，易于解决导弹和发射设备的防热问题；可节省推进剂在发射井内的消耗，减去导弹尾部很厚的防护罩，降低发射重量和达到导弹小型化；减少发射筒内的防护设施，增加筒内容积，有利于配置更大直径的导弹。

1968年，马克耶夫设计局研制成功第二代潜射弹道导弹，第一种型号为P-27（SS-N-6），装备在有16个发射筒的667A型核潜艇上，最大射程2500千米，属中程潜地弹道导弹。该型导弹采用了多种先进设计和工程技术，如提高导弹的装填密度，增加导弹的艇载量，实现导弹保存、待发及齐射的系统化、自动化。相比第一代潜射导弹的发射装置，667A 艇上的发射装置重量减小了一个数量级，发射筒高度为 10.1 米，直径为 1.7 米。

1974 年，苏联又推出了 P-27Ⅱ、P-27Ⅲ 两种改进型，其中：Ⅱ 型为单弹头，射程增至 3000 千米；Ⅲ 型为集束式多弹头，可携带 3 枚子弹头，命中精度提高了 15%。1974—1990 年期间，改进型先后进行了 161 次导弹发射，平均成功率为 93%。截至 2008 年 1 月，P-27（SS-N-6）系列导弹全部退役。

鉴于 SS-N-6 导弹的射程还打不到美国本土，马克耶夫设计局又为苏联海军研制了远程潜地弹道导弹 SS-N-8（P-29）。在技术上，它与 SS-N-6 相当，主要是采取了增加射程的多项措施，如动力装置由一级液体火箭发动机改为两级液体火箭发动机。导弹全长由 9.15 米增至 13 米，弹径由 1.5 米增至 1.8 米，起飞重量由 19 吨增加到 33.3 吨，最大射程达到了 9080 千米（单弹头），可用于攻击洲际战略目标，1973 年起开始服役，先后装备在 629、658、667B 和 667BD 型核潜艇上。SS-N-8 导弹有 3 个型号：Ⅰ 型为单弹头；Ⅱ 型为集束式多弹头；Ⅲ 型改用 3 个分导式多弹头。在惯性制导的基础上，苏联首次将天文方位校正系统用于弹道导弹，Ⅲ 型的圆概率误差降至 450 米。

1978 年，苏联海军装备了第一种装有分导式多弹头的潜射弹道导弹 SS-N-18（P-29P）。它属于第三代两级液体潜射弹道导弹，部署在 667 型"海豚"级

SS-N-18潜射弹道导弹

（北约称为"德尔塔"-3）型核动力潜艇上，每艘可携带16枚SS-N-18，每枚导弹可携带3个50万吨TNT当量的分导式核弹头。由于它有足够的射程，使得潜艇可以在所谓的弹道导弹潜艇庇护区——鄂霍次克海与巴伦支海发射导弹。其命中精度不高，圆概率误差为926米，与同期的美国"三叉戟"导弹有较大差距，但还是可以有效打击敌方抗压强度不高的软目标和面目标。

1982年服役的SS-N-20（P-39），是苏联海军第一种批量装备的三级固体燃料潜射弹道导弹（第一

配备SS-N-20（RSM-52）弹道导弹的"台风"级核潜艇

级、第二级采用固体燃料发动机，第三级采用液体燃料发动机），绰号"鲟鱼"，乌克兰第聂伯南方机器厂制造，装备在"台风"级（941型）核潜艇上。"台风"是世界上体量最大的核潜艇，艇长171.5米，宽24.6米，水下排水量达26500吨。把潜艇设计制造得如此之大，主要是为了配置世界潜射弹道导弹个头最大的SS-N-20（弹长16米，直径2.2米）。每艇有20个发射筒，导弹起飞重量90吨，每枚导弹有10个20万吨TNT当量的分导式核弹头，最大射程8300千米，圆概率误差约500米。

1986年，SS-N-23（RSM-54），绰号"轻舟"，列装俄罗斯海军，装备在"德尔塔"-4（667型，"海豚"级）核潜艇上，每艘潜艇装有16个发射筒。SS-N-23由马克耶夫设计局在SS-N-18的基础上改进而成，采用三级液体燃料发动机。弹长 16.9 米，直径 1.8 米，最大射程 8500 千米，可在任何气候条件下在水下机动发射，星光惯性制导，圆概率误差约 500 米。每枚导弹上有 10 个分导式核弹头，每个子弹头威力为 35 万吨 TNT 当量。

SS-N-23 潜射弹道导弹

经过多次现代化改造，SS-N-23 成为俄罗斯武器库中的"常青树"。2003 年 12 月 26 日 14 点整，俄罗斯北方舰队 667 型"叶卡捷琳堡"号战略核潜艇在艇长帕夫洛夫斯基海军上校的指挥下，在巴伦支海水域以水下潜航机动方式，成功发射了 1 枚 SS-N-23 洲际弹道导弹，弹头准确命中了远在堪察加半岛上的靶标。海军总司令库罗耶多夫海军元帅对 SS-N-23 的优良性能给予高度评价，普京总统也宣布：克拉斯诺亚尔斯克机械制造厂恢复自 1996 年停止的 SS-N-23 导弹的生产工作，计划增加这种导弹的装备

"布拉瓦"潜射导弹出水升空

数量，与"白杨"-M 一起，构成俄罗斯战略核力量的基础。

据 2009 年资料，俄罗斯拥有洲际潜射核导弹约 160 枚，其中 SS-N-23、SS-N-23 M1 为 96 枚，还有 64 枚 SS-N-18 M1。SS-N-23 系列将服役到 2030 年。

俄罗斯继承了苏联时期"三位一体"大部分的战略核力量，由于经费短缺等原因，在较长一段时间内以"吃老本"为主。1998 年，俄罗斯决定研发新一代潜射弹道导弹。参加竞标的两个单位的名气都如雷贯耳：一个是曾研制出"鲟鱼""轻舟"等潜射导弹的马克耶夫设计局，另一个是俄罗斯陆基战略导弹"白杨"和"白杨"-M（SS-27）的研制者——莫斯科热力工程研究所。后者以"白杨"-M 为基础，拿出了一个具有突防能力强、命中精度高等优点的潜射弹道导弹方案，在竞标中获胜。新一代导弹命名为 RSM-56"布拉瓦"，北约代号 SS-N-32，绰号"圆锤"。

"布拉瓦"导弹的外形做了较大改变，但结构部件与"白杨"-M 具备较高的通用性，有 70% 的零部件可互换。同一种型号发动机既可用于陆基，也可用于海基不同型号的导弹，不仅节省了研制经费，而且大幅度缩短了研制周期。与陆基"白杨"-M 相比，"布拉瓦"个头变小，弹长缩短了约 10 米。动力采用并发展了"白杨"-M 导弹的超燃固体火箭发动机技术，这种新技术可显著缩短助推段飞行时间，由通常需要的 180 秒左右减少到 100 秒以内，实现末级发动机在大气层内关机，可有效应对未来大气层外定向能武器助推段拦截。尤为重要的是，导弹起飞后，一级固体燃料主发动机可立即为导弹加速，在主动段的飞行速度比其他同类导弹快 2～3 倍；它还集成了"白杨"-M 的弹道变轨技术，飞行弹道不是常规的惯性弹道，而是多次变轨的 M 形弹道；多个分导式弹头安装有末助推级动力系统，用来控制投放弹头，每个子弹头通过自带的"格洛纳斯"导航定位系统，确定各自的特殊弹道。超高速＋变轨＋分导弹头，使敌方反导系统很难在弹道助推段或后续段对其进行拦截。

针对美国的弹道导弹防御（BMD）系统，"布拉瓦"采用吸收雷达波和降低红外特征的复合材料，实现了雷达隐身和红外隐身一体化。同时，加装防辐射及电磁干扰防护罩，增加诱饵装置，配置 6～10 个高超声速分导式核弹头，分别攻击不同目标，具有很强的突防能力，最大射程约 10000 千米，可对美国本土的重要城市构成威胁。

从 2003 年开始，"布拉瓦"的试验工作全面展开。俄罗斯潜艇部队先后进行了 32 次导弹发射试验，22 次获得成功。"布拉瓦"导弹的制导系统与"白杨"-M 相似，采用计算机控制的惯性制导，辅以"格洛纳斯"定位导航，圆概率误差约 350 米。2013 年于 1 月，满载排水量 17000 吨的新一代战略核潜艇——"北风之神"级首艇"尤里·多尔戈鲁基"号开始服役，专为其研制的"布拉瓦"洲际弹道导弹随即列装，目前已经装备 3 艘"北风之神"。

俄罗斯"北风之神"核潜艇携载的"布拉瓦"弹道导弹

2018年5月22日,"北风之神"级核潜艇首次水下齐射4枚"布拉瓦"导弹,展示了其超强的毁灭性打击能力。俄罗斯军方称,在2020年装备至少8艘"北风之神"级战略核潜艇,每艘可携带16枚"布拉瓦"洲际弹道导弹。由于技术先进、作战隐蔽性好、突防能力强,"布拉瓦"成为俄罗斯新一代"三位一体"核力量"撒手锏"武器。

"水下重剑"——法国、英国的潜射弹道导弹

1960年2月,法国在西非撒哈拉大沙漠拉甘试验场爆炸成功第一颗原子弹,成为世界上第4个拥有核武器的国家。此后,法国奉行独立于北约的核政策,以海基潜射弹道导弹作为战略核力量的重心,经过多年努力又成为第3个独立研制并装备潜射核导弹的国家。从20世纪60年代开始,法国先后研制了M1、M2、M20、M4、M45、M51等多型海基潜射弹道导弹,以及与弹道导弹匹配的战略核潜艇。

M1为法国第一代海基潜射弹道导弹,1963年开始制定方案,由法国弹道导弹研究与制造公司(后并入法国航空航天公司)承担研制任务,1971年12月定型入役,部署在法国海军第一代核潜艇"可畏"级的前两艘"可畏"号和"可怖"号上(已退役)。M1导弹由核弹头、控制和制导舱、第二级发动机、中间舱和第一级火箭发动机、底边裙体等6部分构成。弹长10.7米,弹径1.5米,起飞重量18吨,最大射程2500千米,圆概率误差为1000米。动力装置为两级固体火箭发动机,燃料采用聚氨基甲酸酯、过氯酸铵和铝粉混合固体推进剂。核弹头为MR41型,重700千克,爆炸威力50万吨TNT当量。制导方式为单纯的惯性制导,可直接从潜艇的水下发射筒发射。每艘核潜艇有两排发射筒,每排8个,共装16枚M1导弹,可在15分钟内全部发射完毕。M1导弹的综合性能类似于美国"北极星"潜射导弹,尺寸和重量稍大些,

每枚 M1 导弹的价格为 0.94 亿法郎（1971 年）。

水下发射是法国独立研制潜射弹道导弹遇到的关键问题。在研制 M1 导弹过程中，法国先进行了缩小模型导弹的发射试验，然后进行全尺寸模型的陆上发射筒弹射试验，接着用沉箱从水下弹射全尺寸的导弹模型，而后用有真实第一级火箭发动机的导弹模型进行了 11 次发射，最后再由试验潜艇进行水下发射试验。发射过程如下：利用空气压缩将导弹从潜艇发射筒中弹射出去；导弹飞出海面一定高度后第一级发动机点火；当第二级发动机终止推力时，弹头与第二级发动机自行分离，并沿再入弹道飞向目标。

法国于 1968 年共进行了 4 次 M1 导弹的陆上发射试验，其中两次成功，一次部分成功，一次失败。之后进行的首次水下发射试验即获成功。导弹服役前法国又陆续用训练弹结合作战时使用的测试和发射程

配备 M1 潜射弹道导弹的法国"可畏"级核潜艇

序鉴定导弹和潜艇的适应性。1971年5月28日，法国从作战潜艇进行水下发射试验取得完满成功。法国由此掌握了导弹水下发射技术，为以后M系列导弹的开发奠定了坚实基础。

法国第二代潜射弹道导弹M2，在M1基础上改进而成，1974年开始服役，部署在"可畏"级第3艘"闪电"号上，并取代M1导弹装备在"可畏"号和"可怖"号核潜艇上。与M1导弹比较，M2导弹的外形尺寸、弹头威力、制导方式、命中精度完全相同，主要的改进是第二级发动机，燃料采用高比冲端羧基聚丁二烯，最大射程增加到3000千米，综合作战性能相当于美国"北极星"A2。1974年，每枚M2导弹的价格为0.94亿法郎。

第三代潜射弹道导弹为M20，在M2基础上研制，1976年3月入役，曾装备"雷鸣"号、"无敌"号、"可畏"号、"可怖"号和"闪电"号共5艘核潜艇，每艘潜艇16枚，是法国海军20世纪七八十年代的主要战略核武器（1991年退役）。M20也是两级固体导弹，外形、动力系统等与M2相同，主要改进是惯性制导系统，提高了命中精度，圆概率误差降至800米级。战斗部仍采用单弹头，但增加了突防装置，1977年换装的TN61型热核弹头威力达120万吨TNT当量。新的战斗部重量小、精度高、加固性能好，能够抗高空核爆炸效应（X射线效应、电磁脉冲效应等）。

跨越式的技术进步体现在第四代潜射弹道导弹上。20世纪70年代中期，为应对苏联正在发展的反弹道导弹系统，法国致力于研制一种全新的远程弹道导弹 M4，主承包商为法国航空航天公司，推进系统、惯性平台、弹载数字计算机分别由欧洲动力装置制造公司（SEP）、机械电气通用公司（SAGEM）、马赛尔-达索电子公司负责。M4 导弹历经 13 次地面和水下发射试验（12 次成功），1984 年 2 月完成了鉴定、验收。其改进和生产型有 M4A 和 M4B 两种型号，分别于 1985 年和 1987 年开始服役。到 1994 年，先期服役的几种潜射弹道导弹已经全部退役，M4 系列导弹是该时期唯一在役的潜射弹道导弹，装备在法国"不屈"级第二代弹道导弹核潜艇"不屈"号、"雷鸣"号等 5 艘核潜艇上。法国海军共部署了 64 枚，其中 M4A 导弹 16 枚，M4B 导弹 48 枚。

M4 是法国第一种三级固体火箭发动机潜射弹道导弹，也是第一种分导式多弹头战略导弹，可携带 6 枚分导弹头。发射方式仍然为法国海军沿用多年的垂直冷发射。核潜艇在水下约 40 米发射导弹，导弹利用高压空气从发射筒喷射出去后冲出水面，待飞出水面几十米高度后，第一级火箭发动机自行点火。当第二级火箭发动机终止推力时，弹头与第二级火箭发动机分离，接着第三级火箭发动机点火，当第三级火箭发动机终止推力后，弹头与第三级火箭发动机分离，此后弹头会沿着再入弹道飞向预定打击目标。外形设计类似于美国的"三叉戟"I，弹长 11.05 米，弹径 1.93 米，起飞重量 35 吨。M4A 型最大射程 4000 千米，M4B 型最大射程 5000 千米。

M4 导弹首次采用惯性导航加星光定位的复合制导方式，命中精度大幅度提高，圆概率误差降至

400～300米。其惯性导航系统由惯性平台和数字计算机组成,惯性平台采用3个先进的液浮陀螺和3个摆式加速度计,平台导航测量精度高;高效能的数字计算机可迅速准确地计算出导弹姿态数据,利用控制系统把导弹准确引向目标。战斗部有6个经过特殊加固的分导式核弹头(每个子弹头爆炸威力为15万吨TNT当量),由于采取了抗干扰措施,减少了雷达截面,具有较强的突防能力。

1988年,法国国防部又组织力量研制第四代潜射弹道导弹的新型号——M45远程导弹,1991年12月成功进行了第一次飞行试验,1996年装备到"凯旋"级新一代弹道导弹核潜艇"凯旋"号上。M45的尺寸、起飞重量等与M4相同,主要改进是采用了新的弹头加固、隐身、弹头高速再入、涂料反射层等新材料新技术,以及新的第三级发动机,使导弹的雷达反

曾试验和装备M45导弹的法国"凯旋"级核潜艇

射面更小，突防能力更强，射程更远，打击范围增至6000千米。M45携带的6枚采用隐身技术的TN75型热核弹头（每个弹头爆炸威力为11万吨TNT当量），与M4携带的TN71相比，可更加有效地对付敌方激光束、末端防御等导弹防御系统。M45的制导系统采用了外部信息导航校正技术，命中精度显著提高，圆概率误差降至约200米。

进入21世纪后，面临大规模杀伤性武器扩散的威胁，全球范围内兴起反导热潮，军事强国反导防御装备技术趋向成熟，再次成为法国改进其导弹突防系统的重要动因。法国继续保持海基和空基"两位一体"的核力量结构，其中海基核力量比重占90%以上。作为唯一独立拥有潜射弹道导弹的欧盟国家，法国军方决定研制一种在射程、突防能力和生存性能上都能满足新形势要求的战略武器，制定了M51潜射弹道导弹计划，由欧洲EADS公司承担研制任务。

2010年1月27日，法国海军首次从"凯旋"级"可惧"号核潜艇上成功试射了一枚M51导弹。此后，"警戒"号、"凯旋"号、"鲁莽"号等"凯旋"级核潜艇陆续完成改装，全部装备了第五代M51潜射弹道导弹。整个M51项目耗资约80亿欧元，其中50亿用于研发。而建造和改装"凯旋"级4艘核潜艇所需的资金约为150亿欧元，以海基为主体的法国整个核武器系统每年的运行成本约为30亿欧元。

M51有两种型号，初始型号为M51-1，仍采用与M45相同的TN75核弹头和突防装置。2015年服役的M51-2型，采用爆炸威力为10万吨TNT当量

法国 M51 潜射弹道导弹试射成功

的 TNO 新型核弹头。弹头在飞行中能旋转变轨,突防能力大幅度提高。新型弹头采用了多目标重返大气层载具(MIRV)技术,不但采用降低雷达反射的外形设计,还在外表涂布了新型吸波涂料。MIRV 技术可以设定攻击目标的多寡,弹头再入飞行速度极快,因此也就拥有更好的突防性能。

M51 是法国第一种真正意义上的洲际弹道导弹,采用三级固体火箭发动机,起飞重量 54~56 吨,比 M45 导弹的发射重量增加 50%。推进剂为高氯酸铵碳氢燃料,每级火箭发动机能够产生约 180 千牛的推力,可让导弹达到马赫数 15 的飞行速度,最大射程超过 8000 千米。M51 潜射弹道导弹作为法国

21世纪10年代以后主要的潜射弹道导弹，是法国未来实施战略核威慑的主要工具。它具有以下技术特点：

（1）水下点火发射。水下点火发射技术面临极其严酷的力学环境，十分复杂，易造成导弹飞行失败，法国在该技术领域处于世界领先地位。M51导弹沿用了M45导弹的深水发射技术，既能在40米深的水下点火，又能在离开潜艇发射筒后不久在水下点火。美国的潜射弹道导弹大都是从发射筒被弹射出后，需等导弹出水后才能点火。M51发射系统使用快速双数据处理系统，能以极高的速度完成潜射导弹点火测试、监视和点火控制。这种发射方式的优点是：导弹的水中弹道受控，在水中段便得到加速，尽可能地减少了潜艇浅水暴露时间，缩短了最脆弱的导弹水下发射过程，使整个系统的生存能力得以提高。导弹在出水过程中，不怕海面波浪对弹道的干扰，对发射时海面环境条件没有严格的要求。而美国的潜射导弹在水中段的弹道，完全依靠导弹在发射筒中获得的惯性，弹道必然会受到潜艇航速和海流的影响，导弹的出水姿态还会受到海面海况的影响，因此，美国的潜射弹道导弹对发射条件有严格要求，在战争中有可能延误战机。

（2）攻击能力强。从M4导弹开始，法国潜射导弹都采用了多弹头共体设计。法国的多弹头技术没有经过集束式多弹头阶段，就跨越到了分导式多弹头阶段，成为世界上第三个掌握此尖端技术的国家。每枚M51导弹携带6个15万吨TNT当量的分导式子弹头，子弹头安装在 CPE 母舱中，在第三级火箭分离后，6个子弹头沿着母舱弹道在不同的轨道点释放。为确保弹头的打击精度，母舱的机动受制导计算机的控制。在到达预定点和调整到恰当姿态后，计算机发出指令，引爆爆炸螺栓将母舱开锁，弹出一个子弹头，6个子弹头间隔一定时间释放。这既能使弹头打击更大范围内的目标，还能使各子弹头的弹道更加分散，对躲避以区域杀伤为特点的核爆拦截尤为有效。M51 导弹最大分布范围为长 350 千米、宽 150 千米，6 个子弹头在飞行走廊的飞行过程中，可视情引爆其中 1 个或多个专门设计的电磁核爆弹头，一举摧毁敌方在攻击通道上的地面电子系统，使其反导预警和指挥系统完全瘫痪，而己方弹头进行过抗核电磁脉冲加固，可以顺畅地沿预设的攻击通道突防，一枚弹道导弹可以完成对约 52500 平方千米区域内的多个城市和军事基地的打击。

（3）生存能力强。针对未来可能出现的飞行主动段激光拦截技术，M51 导弹采用了抗激光加固技术。导弹在飞行中采用自旋稳定方式，一方面，旋转的弹体使打击的激光能量可以分散到弹体表面更大的面积上；另一方面，外表的涂层具有较强的反射激光特性，可抵御来自空间和机载激光器的打击。导弹内部系统还采用了先进的抗核加固技术，对重要系统进行了封闭和屏蔽，对重要电子元器件进行了应力筛选，使 M51 导弹可以在核爆炸产生的射线和电磁脉冲环境下正常工作。

与法、美等国相比，潜射弹道导弹在英国国防力量中的地位更加突出。美国核力量是陆基、海基、空基"三位一体",法国是海基、空基"二位一体",英国则是"唯海基为大",把核威慑武器全部部署在战略核潜艇上。

20世纪60年代,英国曾组织力量研制潜射弹道导弹,因经费和技术问题进展缓慢,致使已经入役的"勇敢"级导弹核潜艇无弹可用。聪明的英国人便另辟蹊径,凭借与美国的特殊盟友关系,向美国购买技术成熟的"北极星"潜射弹道导弹。此后,英国核潜艇装备的潜射导弹一直走引进之路,而核潜艇则坚持本国研制。1993年,英国新一代"前卫"级核潜艇"先锋"号服役,在第一时间便配备了问世不久的美国"三叉戟"Ⅱ D5型潜射导弹,每艘潜艇装备16枚。导弹由美国洛克希德公司制造,战斗部为8枚英国自行研制的分导式热核弹头,每枚弹头威力为10~12万吨TNT当量。最大射程12000千米,圆概率误差90米,D5型可载12枚分导式热核弹头。

英国皇家海军4艘"前卫"级战略核潜艇和"三叉戟"Ⅱ型潜射导弹,被称为英国国防力量的"最后一道防线",担负着特殊的重大使命。据《每日邮报》网站报道,"前卫"号战略核潜艇控制室里的保险箱内藏有一封绝密信件,绝密信件是由前首相戈登·布朗签署的。信的具体内容虽不为人所知,但将回答一个残酷而重要的问题:一旦英国遭核攻击受重创,而首相没来得及反应就已遇难,英国是否报复还击?届时,"前卫"号核潜艇艇长将奉命执行首

英国新一代"继承者"级核潜艇,配备"三叉戟"Ⅱ导弹

相"最后行动信"中的命令。艇长和副艇长在控制室共同打开内外保险箱，两人和武器工程军官一起，根据随信函一起存放的密码本解密电报，确认来自位伦敦西北诺斯伍德英国武装部队总部的指令代码。当三人一致认可诺思伍德的代码与保险箱存放的密码完全吻合时，艇长即可通过扩音喇叭向全体艇员下达命令："各就各位！战略导弹准备发射！""前卫"号快速进入靠近水面的发射位置，各项检查完毕后，武器工程军官收到艇长"开始发射"的命令，"咔嚓"一声按下发射开关。由于核弹在空中难以被摧毁，射程之远和速度之快也难以拦截，一名潜艇高级官员说，一旦听到"咔嚓"声，"你距世界末日不超过30分钟！"

2016年10月，"前卫"级的发展型——"继承者"级战略核潜艇首艇"无畏"号开始建造，预计2028年服役，仍装备威力巨大的"三叉戟"Ⅱ潜射弹道导弹。

在大洋巡弋的近10多年来，潜射导弹越来越多地受到各国海军的青睐和重视，弹道导弹、巡航导弹也成为常规潜艇的有效载荷。法国在"短鳍梭鱼"级常规潜艇上，装备了射程达1000千米的"斯卡尔普"巡航导弹；韩国在"岛山安昌浩"号常规潜艇上装备了6具导弹垂直发射筒，既可发射射程800千米的"玄武"4弹道导弹，也可发射射程1500千米的"玄武"3C巡航导弹。这种"一筒两用"技术，在常规潜艇百年发展史中尚属首例。

"巨浪"1号——中国第一种潜射弹道导弹

1982年10月12日,中国人民解放军海军的一艘常规动力潜艇驶往北部海区,于15时向以北纬28度13分、东经123度53分为中心,半径35海里的圆形海域(温州以东约325千米),从水下发射了一枚潜地弹道导弹,导弹出水、点火、飞行、分离、溅落及捕获跟踪测量正常。同日,新华社向世界宣布:中国潜艇水下发射弹道导弹试验获得圆满成功。

1988年9月15日,解放军海军的一艘核动力潜艇起锚离港,于14时从水下发射一枚潜地弹道导弹。

中国潜艇水下发射弹道导弹试验成功

导弹从发射筒腾起，穿过海水，冲出海面，带着橘红色的火焰，直插云霄，在同温层疾速飞行。数十秒后，一团火球钻出云层，弹头像流星般急泻而下，准确地溅落在预定海域。

这两次试验，意义非同小可，在国际上震动很大，各国纷纷发表评论。它标志着中国完全掌握了导弹核潜艇水下发射技术，中国成为世界上为数不多的几个拥有潜射弹道导弹的国家。

中国从1958年决定开展核潜艇武器的研制，到1988年核潜艇水下发射弹道导弹成功，数万名科研、设计、试验、生产专业人员奋斗了30年。其中，贡献最大的当属彭士禄、黄旭华和黄纬禄等，他们分别担任核潜艇工程总设计师和潜射弹道导弹总设计师。

1943年，27岁的黄纬禄赴英国留学，先在伦敦的一家公司实习，后进入伦敦大学攻读无线电专业研究生，获硕士学位。1944年9月8日，这位中国青年目睹了德国V-2弹道导弹袭击伦敦的现场：他实习的马可尼公司的工厂车间被导弹击中，变成了一片废墟，曾在同一个地点上班的5位英国同事命归黄泉。这天早晨，他为买一条领带，比平时晚到工厂几分钟，才幸免于难。

不久，盟军搞到一枚没有爆炸的V-2导弹，放在皇家展览馆里公开展出。黄纬禄怀着对同事们的深切哀悼和对法西斯的仇恨，围着导弹转了好几圈。他心中萌发了一个愿望：回国后，一定要搞出中国自己的导弹来！

新中国成立后，黄纬禄曾任国防部第五研究院研究员、设计部主任,第七机械工业部研究所所长等职务,是国内著名的控制系统专家。1967年3月,为了与导弹核潜艇研制同步,国防科委下达了中程潜地弹道导弹的研制任务,1970年1月正式任命黄纬禄为总设计师。

潜射弹道导弹因受潜艇空间限制,弹体、弹头核装置、装弹仪器设备必须小型化、轻型化,一般都采用固体推进剂发动机作动力装置,称为固体导弹。现代固体导弹的技术难度比液体导弹大得多,自然也有其显著的优越性。固体火箭发动机的推进剂是预先浇铸,整体放在燃烧室内常备待用,无须在发射阵地加注推进剂,大大缩短了发射准备时间,可实施快速发射。美国的液体战略导弹"宇宙神"D、"大力神"2发射准备时间分别为15分钟和1分钟,而固体战略导弹"民兵"-2、"民兵"-3发射准备时间分别为32秒和30秒。

在射程等战术技术指标相近的情况下,固体导弹体积小,制造成本和维护费用明显低于液体导弹,而可靠性较高。美国液体战略导弹"大力神"1(射程10140千米)每枚成本2220万美元,而固体战略导弹"民兵"-1(射程10200千米)每枚成本仅560万美元。"宇宙神""大力神"等液体导弹的发射可靠率为65%左右,而"民兵"-2、"民兵"-3等固体导弹则为82%左右。

20世纪70年代以来,美国、苏联等国特别重视固体战略导弹的发展,在液体战略导弹解决了有无问题和经历了一定的发展阶段之后,都在走一条先液体、后固体，继而以固体战略导弹取代液体战略导弹的发展道路，固体化、小型化、自动化已经成为战略导弹发展的趋势。在潜射弹道导弹上，中国起步较晚，但起点较高，借鉴别国的发展经验，直接进入二级中程固体导弹的研制。

在黄纬禄主持下，科研人员在面临既无资料、图纸，又无仿制样品，缺乏预先研究等困难情况下，攻克了固体发动机、水下发射、导弹弹头、制导系统等一个个技术难关。例如，要将一个十几吨重的导弹，从水下几十米深处弹射出来，使导弹具有一定的出水速度，并保持弹体初始姿态的稳定，除在导弹外形设计上采取相应技术措施外，还要选定一种动力源，使导弹在发射筒内就能获得足够大的出水速度。苏联第一代潜地导弹因未能解决这一技术难题，不得不采取潜艇浮出水面后再发射的方式。中国科技人员经反复探讨论证，成功地掌握了燃气动力、导弹水下冷发射技术。导弹弹头的研制也达到了较高的起点水平。根据潜地固体导弹的特殊要求，科研人员李绪锷等突破外形选择、结构与防热设计等方面的技术难题，研制出中国第一个轻小型核弹头，使中国的潜射弹道导弹具有毁伤敌方战略目标的巨大威力。

1980年3月，在全国近百个科研单位和工厂的协作下，第一枚潜射弹道导弹的各类设备陆续运往总装厂，开始总装、测试。1981年6月17日，首先进行了陆上发射台的飞行试验，获得成功。

为进行水下发射试验，由海军牵头，成立了由海军副司令员杨国宇任组长、国防科委副主任马捷任副组长的领导小组,并建立试验总师制度。潜地导弹总设计师黄纬禄任总师,核潜艇总设计师黄旭华等任副总师,负责试验中的技术协调事宜。

试验并非一帆风顺。在1982年10月7日的首次水下发射试验中,导弹出水点火后突然失控翻转,在空中自毁。亲临发射场区指挥的国防部长张爱萍及时发出指示,稳定了人心;黄纬禄组织有关技术人员,找出了导弹空中自毁的原因,并对第二枚导弹采取了相应措施。10月12日,由常规动力潜艇水下发射的第二枚导弹获得成功。

为考核全武器系统的综合性能,1985年9月28日进行了首次导弹核潜艇水下发射试验。导弹出水后飞行爬高,但不久便在空中翻转自毁。随后,又进行

"巨浪"1号参加阅兵

"巨浪之父"黄纬禄

了两枚导弹的发射试验,均告失败。为此,国防科工委、海军等有关单位,召开了一系列故障分析会和专题研讨会,终于查明了原因,并对下次定型试验采取了有效的综合治理措施。

1988年9月,核潜艇再次启航,于15日和27日从水下成功地发射了两枚潜地弹道导弹,导弹被命名为"巨浪"1号。至此,中国导弹核潜艇潜射弹道导弹定型试验走完了全过程,中国成为世界上第5个独立研制和装备战略导弹核潜艇和潜射弹道导弹的国家,黄纬禄也被后人称为"巨浪之父"。

开路先锋——巡航导弹

巡航导弹，旧称飞航式导弹，弹如其名，其显著特征就是大部分时段的飞行处于巡航状态，就像一架在大气层中飞行的小型飞机。所谓巡航状态，是导弹在火箭助推器加速后，主发动机的推力与阻力平衡，弹翼的升力与重力平衡，导弹以几乎匀速、等高状态飞行。在这种状态下，单位航程的耗油量最少。飞行弹道通常由起飞爬升段、巡航（水平飞行）段和俯冲段组成。巡航导弹诞生于第二次世界大战时的德国。战后，美苏等国曾研制过巡航导弹，但受当时科技水平的限制,那时的巡航导弹可用"傻、大、笨、重"来形容。直到20世纪70年代,美国在小型涡轮风扇发动机、微电子器件、先进制导技术、高能燃料等技术上取得突破并应用于巡航导弹,这位"二战老兵"才焕发新生,变得"聪明、灵活、小巧",成为军事大国的标配。海湾战争以来,它更是名声大震,频频出现在多次局部战争中。巡航导弹凭借射程远、突防及生存能力强、命中精度高、威力大等优点,成为军事强国实施首轮打击的重要手段。

踹门"打手"——"沙漠风暴"中的"战斧"

1991年1月17日,格林尼治时间零点6分,美国白宫发言人菲茨沃特举行记者招待会,宣布了一个迅速传遍全球的消息:"在联合国限令伊拉克从科威特撤军期限超过19小时的时候,多国部队开始了解放科威特的行动,军事行动代号叫'沙漠风暴'。"

在海湾战争"第一夜",由数十个机场和航空母舰起飞的上千架多国部队飞机,对伊拉克上千个军事目标进行高密度、高强度猛烈轰炸,炸弹、导弹总威力相当于1945年美国投在日本广岛原子弹的1.4倍。而首先飞抵伊拉克首都巴格达轰炸的,则是美国海军从"密苏里"号和"威斯康星"号战列舰上发射的"战斧"巡航导弹。

在黑色的夜幕中,在远离巴格达上千千米的波斯湾和红海海域,美国海军的数艘战列舰、巡洋舰、驱逐舰和潜艇早已做好了战斗准备。接到命令后,迅即向巴格达方向发射首批"战斧"BGM-109C巡航导弹。导弹离舰(艇)后,掠海面7～15米巡航飞行,进入伊境后在距地面50米以下低空疾进。"战斧"越过起伏的山峦、沙漠,直扑预定的攻击目标。这天夜晚,美国海军共发射52枚"战斧"巡航导弹,除1枚滞留于发射器成了哑弹外,51枚全部命中并炸毁了伊拉克国防部大楼、导弹阵地、油库、雷达站等一批高价值军事目标。"战斧"巡航导弹命中率超过98%,圆概率误差小于9米,显示了非凡的威力。

同一天,由比尔德空军中校率领的第596轰炸机中队 B-52H 机群，从美国本土的基地出发，在大西洋和地中海上空经过空中加油后长途奔袭，总共飞行 35 小时，于 17 日 2 时 30 分（当地时间）到达预定空域。随着比尔德中校一声令下，7 架 B-52H 瞄准伊拉克的通信枢纽、预警中心、发电厂等 8 个重要目标，陆续发射了 35 枚"战斧"AGM-86C 空射巡航导弹，目标全部被击中。

这是"战斧"巡航导弹首次在战场上使用，取得了令世人惊叹的战果。在多国部队指挥部里，司令官施瓦茨科普夫竖起大拇指，连声称赞："OK，'战斧'巡航导弹！"

实际上，美国秘密研制和装备"战斧"巡航导弹已有 20 年时间。早在 1972 年 5 月，美国与苏联在莫斯科签署第一个《限制战略武器条约》时，没有能就限制巡航导弹达成协议。之后，美国便把研制现代化巡航导弹列入重点武器发展计划。海军率先提出研制海上发射的巡航导弹，经招标，选定的主承包商是通用动力公司唐维尔分公司。20 世纪 70 年代后期，唐

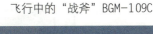

飞行中的"战斧"BGM-109C

维尔分公司研制的样品试验成功,被正式定名为"战斧"(Tomahawk)BGM-109。到1986年,美军用于研制和装备"战斧"巡航导弹的费用达128.29亿美元,采购总量达3994枚,海军、空军均有装备。

巡航导弹问世于第二次世界大战期间的德国,V-1导弹是现代各类巡航导弹的鼻祖。战后,美苏在V-1导弹的基础上研制了多种巡航导弹,如美国的陆地发射型"斗牛士"、空中发射型"鲨蛇"等,苏联

美军军舰发射"战斧"

则主要是舰载型的 SS-N-3、机载型的 AS-2 等。受当时技术水平的限制，这些巡航导弹尺寸大、可靠性差、命中精度低。到 20 世纪 50 年代末，美苏重点研制弹道导弹，巡航导弹受到冷落。

直到 20 世纪 70 年代初，随着小型涡扇发动机、微电子器件、高能燃料、小型大当量核弹头和新型常规弹头以及相关制导技术的重大突破，巡航导弹的研制再次受到重视。美国和苏联率先应用新的科研成果，于 20 世纪 80 年代研制出体积小、重量轻、精度高、突防能力强的现代巡航导弹，典型代表型号有：美国的"战斧"巡航导弹，苏联的 SS-N-21 潜射巡航导弹、SSC-X-4 陆射巡航导弹、AS-15 空射巡航导弹，英国的"海鸥"短程巡航导弹等。

20 世纪 80 年代以前，美国和苏联的战略性导弹武器主要是弹道导弹。弹道导弹的外形和弹道都与炮弹相似。巡航导弹的外形和飞行方式则和飞机相似，实际上是一种带弹头的无人驾驶飞机。它既可携带核弹头作为战略武器，也可携带常规弹头作为常规武器使用。

根据不同作战方式需要，美国"战斧"巡航导弹发展了多种型号和改型。其中：从潜艇发射、对陆核攻击的 BGM-109A，战斗部为 20 万吨 TNT 当量级的核弹头，圆概率误差 30 米，最大有效射程 2500 千米，1984 年 6 月装备海军；用于攻击敌方大型水面舰艇的 BGM-109B，射程约 450 千米，装备护卫舰以上水面战舰和核潜艇；以常规弹头攻击敌方地面目标的舰（潜）载 BGM-109C，发射重量约 1500 千克，战斗部重 454 千克，最大射程 1297 千米，1986 年 3 月开始在海军服役。此外，还有陆上发射的 BGM-109G（最大射程 2500 千米）、空中发射的 AGM-86C 等。

在各型"战斧"巡航导弹中，装备数量最多的一种，便是在海湾战争大显神威的海射"战斧"BGM-109C。

射程超过 1200 千米的 BGM-109C，之所以能有 10 米之内的命中精度，关键是采用了一种称为"惯性制导＋地形匹配＋景象匹配末制导"的先进技术。

海湾战争中，"战斧"导弹制造商派出的记者曾摄下这样的影片镜头：一枚巡航导弹绕过层层障碍，从伊拉克国防部大楼的窗口钻进去，在大楼内部爆炸；另一枚则准确地飞向敌方飞机库的大门，钻进库内才爆炸。用于打击坚固点状目标时，战斗部重 454 千克的"战斧"BGM-109C 采用单弹头，内装高能炸药；还可配用子母弹头，内部装有 166 个能在不同时间起爆的子弹，对面状目标有极大破坏力。

在整个海湾战争期间，美国共发射各型巡航导弹 323 枚，其中海射"战斧"288 枚。"战斧"不仅在"战争第一夜"与 F-117A 隐身战斗轰炸机一起充当空袭先锋，还是"沙漠风暴"中用于白天攻击巴格达市中心目标的唯一武器。

群雄逐鹿——欧亚诸国竞相研发的巡航导弹

在发展巡航导弹方面,俄罗斯与美国互相竞争,研制了多种战斗性能和技术水平较高的巡航导弹。目前,世界上大量装备有战区和战略巡航导弹的主要是美国和俄罗斯。俄罗斯的 SS-N-21 巡航导弹(1983 年服役),与美国的"战斧"性能相近,采用小型涡轮风扇发动机(这种发动机利用空气中的氧气作为氧化剂,可使导弹重量减轻、射程增大,是现代巡航导弹的关键技术之一)、高精度地形匹配制导等先进技术,射程在 3000 千米以上。俄罗斯军费虽然十分紧张,但也在从事超声速巡航导弹的研制,有 X-101、X-555 等型号。

2015 年 10 月,俄罗斯在叙利亚战场上首次使用巡航导弹。7 日凌晨,俄罗斯从里海舰队的多艘导弹

图 -160 轰炸机与其配备的 X-555 巡航导弹

俄罗斯护卫舰发射"口径"巡航导弹

护卫舰上发射了 26 枚"口径"-NK 巡航导弹,精确命中 1500 千米外的 11 个 ISIS 组织的目标。11 月 17 日,又出动图 -160 战略轰炸机和图 -95MS 战略轰炸机,发射了 34 枚 X-101 巡航导弹和 X-555 巡航导弹。

在 2022 年 2 月开始的乌克兰特别军事行动中,俄罗斯对乌克兰境内多个军事目标发射"口径"、"伊斯坎德尔"-K 陆基巡航导弹和 X-101 空基巡航导弹,

"狂风"战机携带 4 枚"风暴阴影"巡航导弹

摧毁了乌克兰的军事指挥机构、军事机场、防空阵地等军事目标。

法国、英国、意大利联合研制的"风暴阴影"巡航导弹,于2000年12月首次试射成功,2002年开始投入生产。仅法、英、意三国,就至少需要2000枚"风暴阴影"巡航导弹。

亚洲国家发展巡航导弹方面也颇有建树。韩国、印度、巴基斯坦等国家都在研制性能各异、不同射程的巡航导弹。印度研制的"无畏"巡航导弹,是一种亚声速中远程巡航导弹,可携带200~300千克的常规弹头,射程超过1000千米。中国研制的"长剑"系列巡航导弹,也多次在珠海航展和国庆阅兵中公开亮相,战术技术性能达到世界先进水平,成为人民解放军实施远程精确打击的利器。可以预料,在21世纪的战争和军事冲突中,巡航导弹仍将扮演重要的角色。

参加国庆阅兵的"长剑"10陆射巡航导弹

舰艇克星——反舰导弹

这是一类从舰艇、岸上或飞机上发射,攻击水面舰船的导弹。它可从多种型态的载具上使用,有空射型、陆射型、舰射型,以及自潜艇发射的潜射型。世界上最早的反舰导弹可追溯至第二次世界大战时的德国。1944年年末,德军用Hs-292反舰导弹击沉多艘盟军运输船。战后的多次局部战争和军事冲突事件中,反舰导弹被广泛使用,在现代海战中发挥了重要作用。海战中,1~2枚单价为四五十万美元的导弹,就能使单价为1~2亿美元的驱护舰丧失战斗力甚至沉没，显然是一种效费比很高的武器。进入 21 世纪，西方国家在反舰导弹的发展方面，主要是对现有的亚声速导弹进行改进，如美国的"捕鲸叉"、法国的"飞鱼"、德国的"鸬鹚"、英国的"海鹰"、以色列的"迦伯列"等，重点是软件和新型导引头的研制，以提高导弹在硬杀伤和软杀伤对抗环境中的生存能力。近些年，超声速反舰导弹的研制也取得了重要进展。

"冥河"发威 —— 小艇吃掉大舰

在1967年的第三次中东战争中,埃及、叙利亚等阿拉伯国家在陆战和空战中惨遭失败,但在其后不久发生的海战中,却取得了骄人的战绩。

这是10月下旬的一天傍晚,秋风送爽,夕阳西下,旖旎秀丽的地中海景色迷人。但在这个将欧洲与非洲分开的大海西端,平静的海面下燃烧着仇恨的烈火,阿拉伯人和以色列人之间仍处于战争状态。

17时30分许,一艘称为"艾拉特"号的以色列驱逐舰巡逻至西奈半岛北部海域,前面就是埃及苏伊士运河北端的塞得港。

埃及海军的几艘快艇已在此等候多时。他们迅速出港,直逼"艾拉特"号。

"艾拉特"号凭仗大吨位和强火力,根本没把埃及海军的小快艇放在眼里。舰长命令炮手和鱼雷手做好战斗准备,埃及快艇进入射程就将它们消灭。

可万万没有料到,埃及快艇在相距约30千米处就先下手了。"艾特拉"号舰长发现几个外形酷似小飞机、拖着烈焰尾巴的"怪物",从埃及快艇射出,朝着驱逐舰疾速飞来。他急忙下令军舰规避,但为时已晚,第一个"怪物"风驰电掣般冲向舰体,"艾拉特"号的锅炉舱应声爆炸。紧接着,又有三个"怪物"击中发动机舱等要害部位。顿时,"艾拉特"号燃起熊熊大火,舰身开始倾斜、下沉,舰上官兵死伤过半,舰长不得不下令弃舰逃生。

这些使"艾拉特"号葬身海底的"怪物",便是

中国制造的"上游"1号舰舰导弹,与"冥河"性能相近

苏联向埃及提供的秘密武器——"冥河"SS-N-2A导弹。它是一种近程亚声速飞航式反舰导弹,是世界上第一种在实战中取得战绩的舰舰导弹。

"冥河"SS-N-2A导弹弹长约6.5米,弹径760毫米,翼展2.4米,发射重量2100～2500千克,战斗部重500千克,最大射程42千米,最小射程9.2千米,巡航速度马赫数0.9,巡航高度100～300米。它的制导方式为自动驾驶仪加主动雷达末制导,在不受电子干扰的情况下,命中率相当高。这种导弹从1960年开始装备苏联海军"蚊子"级(标准排水量75吨,航速40节,设置两座发射装置)和"黄蜂"级(满载排水量210吨,标准排水量160吨,航速38节,设置4座发射装置)快艇,而后出售给阿尔及利亚、保加利亚、古巴、民主德国、埃及、印度、越南等十几个国家。"冥河"导弹的威力足以摧毁大型军舰，而发射载体只需小快艇即可。这样，无力建造或购买大型军舰的中小国家海军，也可建立一支导弹快艇部队，具有同大型军舰抗衡的作战能力。埃及海军75吨级的小快艇，一举击沉以色列2500吨的驱逐舰，创造了反舰导弹的第一个成功战例。

"冥河"不仅在地中海一鸣惊人，在20世纪70年代初期的印巴战争中也曾大显神威。印度海军发射了13枚"冥河"导弹，其中12枚命中，击沉巴基斯坦"凯巴鲁"号驱逐舰和"穆罕菲兹"号扫雷艇，并重伤"巴德尔"号驱逐舰。印度海军还用"冥河"导弹攻击巴基斯坦的卡拉奇港，炸毁3座油库，使港口设施遭受严重损失。

作为早期的反舰导弹，"冥河"SS-N-2A的缺点也很明显，如速度较慢、不能掠海飞行、不具备抗电子干扰能力、导弹导引头难以捕捉航速快的小舰艇。这些缺点在第四次中东战争中充分暴露了出来。

1973年10月6日夜晚，惨淡的月光映照着地中海水面，几艘以色列海军"萨尔"2导弹快艇驶向叙利亚海岸。在上次战争中吃尽"冥河"导弹苦头的以色列海军，现在已装备了自行研制的"迦伯列"Ⅰ型导弹。这是一种以中、小舰艇为目标的近程舰舰导弹，最大射程18千米，最小射程2千米，飞行高度100米（末段2.5米），发射重量430千克，战斗部重100千克。

严阵以待的叙利亚、埃及"黄蜂"和"蚊子"级导弹快艇，在 40 千米外就发现了以色列快艇，连续发射多枚"冥河"SS-N-2A 导弹。"冥河"呼啸着扑向目标。

令人奇怪的是，当年几乎是"百发百中"的"冥河"，这次却剃了光头。埃、叙两国海军共发射 50 枚导弹，无一命中目标。

两支快艇编队的距离接近 20 千米时，以色列海军予以还击。一枚枚"迦伯列"导弹准确地飞向埃、叙两国快艇编队，在接近目标时降至离海面约 2.5 米高度，将 9 艘"黄蜂"和"蚊子"级导弹快艇送入地中海海底，而以方舰艇无一损失。

这是战争史上首次导弹快艇对导弹快艇的海战，双方都没有空中支援。论反舰导弹的射程和战斗部的毁伤威力，"迦伯列"都逊于"冥河"，但"迦伯列"在制导精度、低空飞行和抗干扰能力等方面占有优势。针对"冥河"的弱点，以色列在"萨尔"2 快艇上安装了从意大利引进的电子干扰设备，使不具备抗干扰能力的"冥河"纷纷偏离目标坠海。

此次海战，不仅使以色列报了 6 年前"艾拉特"号驱逐舰被"冥河"击沉的一箭之仇，也使小型化、可掠海飞行的第二代反舰导弹迅速普及。以色列的"迦伯列"导弹出口到新加坡、泰国、马来西亚、阿根廷、南非等许多国家，中国台湾和泰国还获得了生产许可权。"迦伯列"又有多种改进型，如"迦伯列"Ⅲ等。它们外形和内部配置相似，但后者射程增大一倍，发射重量约 560 千克，巡航高度降至 20 米（末段 1.5～2.5 米），抗电子干扰的能力也有所增强。

首战即巅峰 —— 马岛之战中的"飞鱼"

在大西洋中,有一种十分灵活,能在空中飞行的鱼——飞鱼。当它们受到金枪鱼等敌害追赶时,能跃出水面 8~10 米高度,以每秒约 20 米的速度滑翔 150~200 米,有时还贴着海面做长距离的超低空飞行。受飞鱼特异功能的启示,法国武器专家模仿飞鱼的飞行,研制出可掠海飞行的反舰导弹,如同一条大飞鱼,使对方雷达难以发现,故取名"飞鱼"MM-38 导弹,1975 年开始在法国海军服役。

"飞鱼"不仅以超低空飞行获得"隐身"功能,还具有较强的抗干扰能力。在初始阶段采用惯性制导,敌方无法干扰;在距目标 10 千米左右时转入主动式雷达制导,使敌方难以发现。

在舰载"飞鱼"导弹的基础上,法国又研制了机载"飞鱼"反舰导弹,编号为 AM-39,基本技术性能与"飞鱼"MM-38 舰舰导弹相近,1980 年正式列装法国海军。AM-39 可在 50~10000 米高度上发射,在 300 米高度发射时最大射程 70 千米。该弹长 4.688 米,弹径 350 毫米,翼展 1.1 米,发射重量 652 千克。导弹上安装的是聚能穿甲爆破型战斗部,重 160 千克,内装 40 千克高爆炸药,能穿透 12 毫米厚的钢板。而现代舰船一般仅在作战情报指挥中心、机舱、弹药库等核心舱室用 18~25 毫米厚的合金材料或凯拉夫装甲防护,其他部位都是薄钢板。

"飞鱼"在技术上确有不少独到之处。此前,一般的反舰导弹弹道都比较高,如苏制"冥河"导弹为

法国"飞鱼"MM-38舰舰导弹

150～300米,极易被发现和击毁。"飞鱼"首次将巡航高度降至10～15米的雷达盲区内,接近目标时可掠海2～3米飞行。

"飞鱼"击中目标后,战斗部连同导弹弹体一起钻入军舰,到一定深度后,延时触发引信才引爆战斗部。设计师夸口:深入敌舰内部爆炸,1枚"飞鱼"就可能摧毁1艘几千吨的军舰。这种能力在一次世人瞩目的战争中得到了验证。

1982年4月2日至6月14日,多年来平静无战事的南大西洋风云突变,爆发了一场影响深远的现代化海战——马岛战争。

4月初,阿根廷出兵占领马尔维纳斯群岛(简称马岛,英国称富克兰群岛。英、阿两国对该岛主权有争议。群岛面积12800平方千米,居民约2000人,几乎全是英国移民后裔,首府斯坦利港)。英国立即做出强烈反应,抽调海军总兵力的三分之二迅速组成一支有近百艘军舰、2万多兵力组成的特混舰队,于4月下旬驶抵距英国本土7800海里的战区,并开始对马岛周围200海里水域实行全面封锁。

5月4日上午,南大西洋浓云密布,白浪滔天。在特混舰队前方20海里担任警戒任务的"谢菲尔德"

号驱逐舰，正以30节的速度驶向马岛水域。这艘被英国水兵称为"闪光的谢菲"的导弹驱逐舰，排水量4200吨，是英国最现代化的军舰之一，装备有先进的967R型搜索雷达，能发现460千米范围内的空中目标；配置有强大的防护火力，舰载导弹可从12个方向打击向它进攻的目标。但是，由于当时英军的远洋作战能力还不够配套，尤其是没有空中预警机，无法可靠地掌握远洋作战的制空权和电子战的主动权，给阿方飞机在舰队防空区之外发射反舰导弹留下了机会。另外，"谢菲尔德"号的防空系统组合也不够合理，舰上装备的"海标枪"防空导弹的有效射程可达80千米，但舰上的雷达系统对低空目标探测距离仅20～30千米，很难防御低空导弹的远程袭击。

两天之前，阿根廷海军的一艘巡洋舰被英国核潜艇击沉，阿根廷海军遂将报复的目光盯准了最靠近前沿的"谢菲尔德"号，精心制定了一个作战计划。

攻击时间定在11时左右，这个时间正是英国军舰值勤人员换班用餐时间。由阿根廷海军第6飞行中队少校胡安·洛佩斯率领的2架"超军旗"舰载攻击机，从与英国舰队相距700千米之外的"5月25日"航空母舰上起飞，同时还有一架"海王"侦察机担负警戒和侦察任务。"超军旗"由法国达索飞机公司制造，并专门为这种飞机设计了一种空舰导弹——"飞鱼"AM-39。战前，阿根廷向法国订购了14架飞机和14枚导弹，但战前只交付了5架飞机和5枚导弹。数量有限的高技术武器，必须让它发挥最大效益，阿根廷选派了最优秀的飞行员。胡安·洛佩斯等凭借高超的技术，在海上区超低空飞行，钻入英舰雷达盲区。飞机高度只有30米，飓风掀起的浪头几乎要扑在机翼上了。

在进入"飞鱼"导弹射程时，飞在前面的"海王"侦察机突然跃升，在极短的时间内准确地测出了"谢菲尔德"号的位置，以及"飞鱼"导弹所需的各种数据，并及时传给了两架"超军旗"，而后又紧急下降。

阿根廷飞机的一上一下，只用了3秒钟，但也没能逃过"谢菲尔德"号的眼睛。舰上的一名雷达观测员发现了目标，但目标转瞬即逝，他怀疑自己看花了眼，怕担"谎报军情"之责，没有报告。这一念之差，使"谢菲尔德"号丧失了战机，"超军旗"得以突进防区。

在接近目标时，洛佩斯关闭了机载雷达。而此时，英舰舰长索尔特也下令关闭了搜寻雷达，他认定在这样的恶劣气候条件下，阿根廷海军的飞机不会来冒险。

飞至距军舰48千米处时，两架"超军旗"迅速将机身拉起，在150米高度打开了机载雷达。一个庞然大物出现在显示器上，飞行员按下发射按钮，将两枚"飞鱼"导弹射出，随后便掉头返航。"飞鱼"是一种"发射后不管"的导弹。

"飞鱼"离开飞机、自由降落约10米时，导弹尾部的环形助推器自动点火，固体燃料火箭发动机产生推力，使导弹以亚声速在距海面15米高度飞行。在这一阶段，由弹上的惯性制导系统控制飞行方向。当接近目标约10千米时，导弹降至距水面2～8米，做掠海飞行，末段制导方式改为主动雷达寻的，直至命中目标。

当"飞鱼"发射时,"谢菲尔特"号驱逐舰舰长沙姆·索尔特正在与特混舰队司令伍德沃德少将通话,他丝毫没感到灾难就要临头,索尔特对军舰上的防卫武器系统充满了自信。

11时23分,索尔特突然感到有异常声响,很快又发现一个喷着橘红色火舌的飞行物正贴着浪尖逼近。舰上有人叫了一声"导弹!"索尔特急忙下令全舰"隐蔽!"但此时一切都晚了。

伴随着索尔特的话音,两枚"飞鱼"已呼啸而至。其中一枚偏离了方向;另一枚斜射过来,击中军舰右舷、吃水线上1.5米部位,钻进了二号甲板下的厨房。厨师正在忙着做午饭,没想到一条4米多长的大"飞鱼"闯了进来。"飞鱼"又以极快的速度擦过机舱集中控制室,冲进舰上的损管室后才猛然爆炸。

霎时,火花如闪电,炸响如雷鸣,"谢菲尔德"号陷入一片火海之中。全舰官兵在索尔特指挥下与烈火搏斗5个多小时,但军舰动力设备和消防系统也遭破坏,失去自救能力,水兵们被迫弃舰逃生。

"谢菲尔德"号被击沉的消息传至伦敦,英国朝野上下一片震惊。"铁娘子"撒切尔夫人简直不相信自己的耳朵:一枚价值20万美元的"飞鱼"导弹,竟能击沉价值2.4亿美元的现代化驱逐舰?

时过不久,从马岛战场又传来令英国人心惊胆战的噩耗:1万多吨的辅助船被"飞鱼"导弹击沉,"格洛摩根"号驱逐舰遭"飞鱼"导弹重创。

多亏在战争开始前,阿根廷军队只得到了5架

"超军旗"战机和5枚"飞鱼"导弹,且飞机与导弹并不配套。战争爆发后,在马岛争端上站在英国一边的法国中断了与阿根廷签订的供货合同。否则,英国特混舰队将会遭到更加惨重的损失。

"飞鱼"的非凡表现,使全世界看到了现代导弹武器的巨大威力,显示了导弹在现代海战中的巨大效费比,预示了人类战争史导弹时代的到来。

马岛战争中出尽风头的"飞鱼",后来又多次令世人瞠目。1983年11月21日,伊拉克空军飞机发射"飞鱼"导弹,击沉正在波斯湾航行的希腊货船"安提哥那"号,该船排水量12550吨。1987年5月17日晚10时10分,1架伊拉克空军"幻影"F-1战斗机携2枚"飞鱼"AM-39导弹,攻击航行于波斯湾的美国海军导弹护卫舰"斯塔克"号。第一枚"飞鱼"命中护卫舰左舷首部,撕开一个3×4.6米的大洞,37人被炸死炸伤;紧接着飞来的第二枚"飞鱼"也命中了该舰,只因伊军操作人员忘了装引信,"斯塔克"号才逃脱了沉没海底的厄运。

在不到5年的时间里,"飞鱼"屡立战功,创造了海战史上的奇迹,"飞鱼"导弹因此而名声大振,身价倍增,成为国际军火市场上的抢手货,大批订单飞往"飞鱼"的故乡。"飞鱼"制造商着实发了笔大财,导弹价格扶摇直上,从每枚20万美元暴涨到100万美元。到1987年,"飞鱼"导弹售价又涨到130～150万美元,用户由原来的不足10个扩展到27个。直至20世纪90年代末,法国"飞鱼"系列导弹的销售量仍居世界第二位,仅次于美国的"捕鲸叉"导弹。

掠海神矛 ——"捕鲸叉"点燃"草原烈火"

锡德拉湾位于地中海南部，临近利比亚。曾是意大利殖民地的北非国家利比亚于1951年独立，与美国的关系一直比较密切。1969年9月，陆军中尉卡扎菲发动政变上台后，对外关系上采取亲苏反美立场，废除旧王朝与美国签订的一系列协议条约，收回美国在利比亚的惠勒斯空军基地，组织反美示威游行，烧毁美国驻利比亚首都的大使馆……两国关系十分紧张。

1986年1月，卡扎菲宣布：北纬32度30分为"死亡线"，外国军舰如越过"死亡线"，开进锡德拉湾，利比亚军队就要反击。

此前，利比亚曾多次宣布锡德拉湾属利比亚领海，但大多数西方国家不予承认。对利比亚越来越强的反美立场，以及针对美国的越来越多的国际恐怖活动，连任美国总统的里根十分恼火，他的助手们也在筹划如何对利比亚开刀，实施所谓"外科手术"，只是一时还没找到师出有名的"突破点"。

在听到卡扎菲关于"死亡线"的宣布后，新上任的国家安全顾问波因德克斯特脑海里猛然闪过一个念头：与卡扎菲"叫板"，派海军舰队进入"死亡线"，以军事演习名义引诱利比亚开火，然后借火烧荒，惩罚卡扎菲。

里根总统对此妙计拍手叫绝，当即指令五角大楼制定一个行动计划，定名为"草原烈火"。

1986年3月，地中海上空战云密布，刀光剑影。

按照"草原烈火"计划迅速集结的美军庞大舰队，昼夜兼程开往锡德拉湾。此次行动由第六舰队司令弗兰克·凯尔索中将指挥，集结31艘战舰、240架飞机和3艘航空母舰。出发之前，美国国防部向新闻界发布了一条公告：1986年3月23日至4月1日，美国海军将在地中海南部海域举行例行性军事演习。如有必要，演习部队将越过卡扎菲宣布的"死亡线"。精心措辞的新闻公报，显然是想点燃卡扎菲的心头之火，以引发"草原烈火"熊熊燃烧。

感到"黑云压城"的利比亚，面对强大的对手也不示弱。卡扎菲下令将从苏联引进的萨姆-5、萨姆-6等导弹，以掎角之势部署在锡德拉湾沿岸的三个基地上，构成了交叉火力网。

3月24日清晨，美国"提康德罗加"号导弹巡洋舰、"卡伦"号导弹驱逐舰、"斯科特"号导弹护卫舰率先驶入"死亡线"以南海域。与此同时，E-2C"鹰眼"预警机、EA-6B"徘徊者"电子干扰机、F-14"雄猫"战斗机等上百架飞机也飞上蓝天，各司其职。

美军的演习进行到下午2点，利比亚军队仍然没有采取任何反击行动。"草原烈火"能否点燃呢？沉着老练的凯尔索中将也有点着急了。为进一步激怒卡扎菲，凯尔索下令"雄猫"战斗机在"死亡线"上往返飞行……

怒火中烧的卡扎菲终于忍无可忍，于下午2点50分下令反击。利比亚军队先后向美军飞机发射了6枚萨姆-5导弹，但无一命中。原因是空中的美军EA-6B"徘徊者"电子干扰机施展了"妖术"，发出类似飞机的假目标信号，诱使萨姆-5上当受骗，弹道轨迹大大偏离了方向。

两艘利比亚导弹艇前来迎战，试图接近美国舰队发射导弹，但尚未进入导弹有效射程，即被美国巡洋舰先机发射的"捕鲸叉"导弹击沉。利比亚快艇上的反舰导弹射程近，只有"捕鲸叉"导弹射程的1/2。

夜幕降临后，美军对利比亚舰艇和岸上的导弹基地发起主动攻击。两架 A-6"入侵者"攻击机从"萨拉托加"号航空母舰上起飞，扑向距美国舰队30千米之外的一艘利比亚法制"战士"Ⅱ导弹艇，发射2枚"捕鲸叉"导弹。导弹紧贴水面飞向目标，一举将这艘300多吨的导弹艇击沉，艇上27名乘员全部丧生。

随后，美军的 A-7"海盗"攻击机也从航空母舰上起飞，攻击利比亚的导弹基地。利比亚方面发射了多枚导弹进行反击，但由于这些导弹不具备抗干扰能力和夜战能力，没有取得任何战果。

由于利比亚不再反击，美军便于3月27日鸣金收兵，宣布"军事演习"结束。此次"草原烈火"行动，美国舰队在锡德拉湾共停留75小时，发射"捕鲸叉"导弹8枚，击沉击伤利比亚5艘导弹艇，摧毁了利比亚防空导弹基地的主要设施。利比亚军队死亡约150人，美军飞机、舰艇无一损失，人员无一伤亡。

在这次军事冲突中，"捕鲸叉"反舰导弹是美军首次使用的新武器，显示了良好的战斗性能，一战成名。

在反舰导弹的研制上，美国起步较晚，但起点很高。根据美国海军的要求，"捕鲸叉"由麦克唐纳·道格拉斯公司研制，1979—1985年几种型号陆续开始装备部队，其中有空舰型 AGM-84A、舰舰型

美国"捕鲸叉"RGM-84A 舰舰导弹

RGM-84A 及潜舰型 UGM-84A。"捕鲸叉"三个型号的研制费用约 3.12 亿美元，AGM-84A 型每枚售价 92.4 万美元，RGM-84A 每枚售价 94.2 万美元。

至 20 世纪 90 年代末，"捕鲸叉"已装备美国海军和海岸警卫队 250 多艘水面舰艇、100 艘潜艇，以及约 1500 架美海、空军的飞机，另外，有 25 个国家和地区进口装备了 6000 多枚"捕鲸叉"导弹。

"捕鲸叉"的主要缺点是速度较慢（巡航速度马赫数 0.75），易于被拦截。为使"捕鲸叉"成为跨世纪的反舰导弹，美国海军和制造商不断对其进行改进，于 20 世纪 90 年代末研制出多种改进型和派生型。最新的改进型称为 Block Ⅱ，是一种适合近海作战的双用途导弹，既可攻击航行中的船只，也可使用惯性导航系统和全球定位系统打击港口内的舰艇和深处内陆的目标，后者的径向概率误差约为 10 米。Block Ⅱ 有海射型和空射型，空射型每枚价格约为 120 万美元。

著名的"斯拉姆"（SLAM）导弹是"捕鲸叉"的

日本12式岸基反舰导弹

派生型,是一种在防区外发射、对陆攻击为主的空地导弹。"斯拉姆"与"捕鲸叉"空射型的后半段弹体完全相同,主要区别在导引头上。"捕鲸叉"为雷达制导导引头,"斯拉姆"(AGM-84H)采用红外成像导引头,并安装GPS辅助系统。"斯拉姆"也可用于攻击海上目标,所有能发射"捕鲸叉"导弹的飞机,都能发射"斯拉姆"导弹。与此同时,美国海军和波音公司还在致力于具有超声速、被动雷达导引头、核弹头、先进中段制导、垂直发射等特点的新一代"捕鲸叉",进一步提高它的掠水面飞行能力、抗电子干扰能力、生存能力、杀伤能力和远程攻击能力。

日本在美国的支持下,采购了空射、舰射型"捕鲸叉"反舰导弹,并研发了多种型号。12式是日本现役最新型的岸基反舰导弹,由三菱重工集团研制,2015年正式装备日本陆上自卫队。导弹全长约5米,弹径0.35米,弹重约700千克,最大射程200千米。2020年12月后12式导弹进行能力提升,最大射程增至900千米以上,并进一步发展出空基和海基型,向美军的先进反舰导弹靠拢。与此同时,日本还在研发射程约2000千米的新型亚声速反舰导弹,改型导弹具有隐身能力和适配海陆空多发射平台的能力。

中国"飞鱼"—— C801反舰导弹

1982年的马岛战争，使法国制造的"飞鱼"反舰导弹名扬四海，畅销国际军火市场。实际上，在20世纪80年代服役的众多反舰导弹中，"飞鱼"的名气虽大，但论战术性能还另有强手，中国的C801多用途反舰导弹就是其中之一，有中国"飞鱼"之称。

中国科学院院士、中国导弹奠基人之一梁守磐，曾向记者讲述了一个鲜为人知的故事：东南亚某国决定为海军采购一批舰舰导弹，经多方比较，目标集中

军舰发射中国"飞鱼"——C801反舰导弹

在法国"飞鱼"和中国的C801。法、中两国自然都希望该国购买自己的产品。在最后选择时，采购方提出要在海上较远的距离设置一个目标，谁的导弹能命中目标，他们就买谁的导弹。法国人退缩了，中国人说"我打"。结果，中国的导弹一举将远方的目标击毁。市场的竞争是无情的，中国某公司抢到了这笔生意，法国人只好甘拜下风。

早在20世纪50年代后期，中国就引进苏联技术，开始了反舰导弹的仿制，后来逐步走上自行设计和不断改进提高的阶段。"上游"1号是中国海军装备的第一代反舰导弹，解决了有无问题。这种导弹采用液体火箭发动机，使用不便，维护复杂，不能低空掠海飞行（巡航高度100～300米），速度也不快（312.6米/秒），抗电子干扰和抗海浪性能较差。

20世纪70年代中期，中国导弹专家经过10多年的努力，研制成功采用固体火箭发动机的新一代超低空多用途反舰导弹C801。其外形同法国的"飞鱼"相似，综合战斗性能也完全可与之媲美，某些方面还优于"飞鱼"。例如，C801能穿透带加强筋的厚钢板，而法国"飞鱼"只能穿透10毫米的钢板。C801可装载在各种类型的驱逐舰、护卫舰、常规潜艇和快艇上，也能配置在轰炸机、攻击机上，从空中发射，主要用于攻击驱逐舰、护卫舰等中型以上水面舰艇，也能打击快艇一类小型水面目标。战斗部为半穿甲爆裂型，重约165千克，命中1枚即可使3000吨级驱逐舰受重创或丧失战斗力。

参加试验和演习的目击者描述了C801两次实弹

发射情况：

"1985年秋，C801第二次定型试验在某海湾进行，天空和海面的能见度良好。第一枚、第二枚都直接命中靶标。第三枚是装了战斗部的实弹，打一艘退役的护卫舰。发射命令过后，C801导弹从快艇上应声而起，拖着长长的火舌迅速爬高。助推器脱落后，导弹转入超低空掠海飞行，远远望去，就像海鸥在波峰浪谷间疾飞。临近目标区，导弹再次降高，迅猛地扑向护卫舰。只见红光一闪，刹那间浓烟滚滚，烈火熊熊，蓝天碧海被映照得十分壮观。大火燃烧了12小时，靶舰在拖回途中沉没。"

"1993年4月9日，中国人民解放军海军导弹驱逐舰编队出海参加演习，辽阔的太平洋某海域响起震耳欲聋的爆炸声，1枚C801导弹飞离军舰，命中32千米外的靶船中心，靶船的上层建筑全遭破坏。船上的6个反射体，4个被炸毁，2个倒下。"

C801全重仅815千克，全长5.81米，舰舰型射程为8～40千米，空舰型射程10～50千米，平飞速度为马赫数0.9。采用自控加自导制导方式，弹上末制导雷达为单脉冲体制，抗干扰性好，单发命中率90%。配有高精度无线电高度表，可掠海飞行，不易被发现。

继C801之后，中国又研制出具有高突防能力的超声速反舰导弹——"上游"2号，它曾以代号C101在巴黎国际航空博览会上展出，性能与西方发达国家的第四代反舰导弹（如英国的超声速"海鹰"等）相近。此后又有C301超声速反舰导弹。

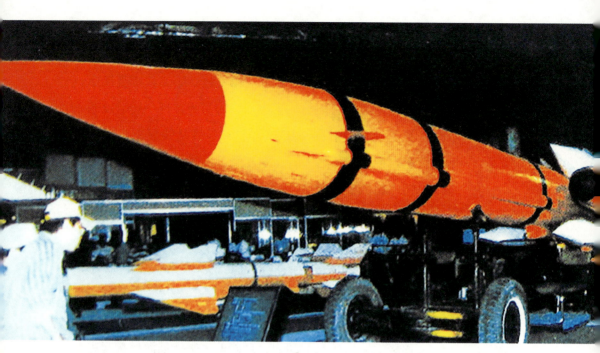

中国 C301 超声速反舰导弹

　　研制低空超声速反舰导弹，关键技术是高比冲的冲压发动机。这种发动机重量轻，结构简单，无转动部件，可使导弹达到 2 倍声速。中国科技专家攻克难关，于 1969 年研制出第一台冲压发动机，后发展为系列产品，现已能满足各种超声速飞行器的动力要求。"上游"2 号导弹采用国产液体冲压发动机作主动力装置，固体火箭发动机为助推器。一位导弹护卫舰舰长这样描述它的作战过程：

　　"舰上的导弹攻击雷达发现敌舰后，即进行跟踪，雷达自动计算目标参数，并实时传给导弹指挥仪，解算射击诸元，向导弹装定作战参数和指令。导弹射出后，按预定程序爬高到 200 米，然后下滑，在距海面 50 米高度平飞。在此过程中，固体火箭助推器先点火,将导弹加速到马赫数1.8,然后自动脱落;接着,液体冲压发动机启动,将导弹加速到马赫数2.0。当距目标约3000米时,导弹上的末制导雷达发出俯冲指令,无线电高度表控制导弹降至5米,并向目标攻击。接触目标后,引信起爆战斗部,随即在敌舰吃水线附近穿入舰舱内爆炸。"

近年,中国航天科工集团研制成功多种超声速、远程新型反舰导弹,在国庆大阅兵、珠海航展和演习中公开亮相。

中国 C802A 反舰导弹

中国 C602 中远程反舰导弹

长空利剑——防空导弹

防空导弹是一类由地面、舰船或潜艇发射，拦截空中目标的导弹，西方称之为面空导弹。早在20世纪40年代，德国就开始研究防空导弹，完成"龙胆草""莱茵女儿""蝴蝶""瀑布"等型号的试验，但没来得及投入使用，便成为苏军和其他盟国部队的战利品。德国的探索试验，成为后来美、苏等国研究防空导弹的基础。经过多年努力，防空导弹在20世纪50年代如雨后春笋般快速发展，登上战争舞台。目前，世界上防空导弹系统已经发展了四代，型号上百种，主要有美国的"波马克""霍克""爱国者""标准"，英国的"警犬""长剑""海狼"，法国的"响尾蛇"，俄罗斯的"萨姆"系列。正在研制和发展的第四代防空导弹，有的已装备部队，如美国的"爱国者"-3、"标准"-6，欧洲的"紫菀"-15、"紫菀"-30，俄罗斯的S-400、"安泰"-2500，以色列的"箭"-2等。

倔强的"萨姆",不死的"老兵"

20世纪50年代初,美、苏等国相继研制成功各自的地空导弹武器系统。苏军是世界上最早正式装备地空导弹的军队,1952年服役的第一种地空导弹为萨姆-1(SA-1),由拉沃契金设计局研制,借鉴了德国"瀑布"的技术。萨姆-1结构复杂、笨重,采用固定阵地发射方式,缺乏机动能力,只能用于要地防空。

1956年,苏联研制成功世界上第一种可机动发射的地空导弹,称为萨姆-2(SA-2)。整个武器系统均由车载,公路行军速度约20千米/小时,4～5小时内展开战斗状态。萨姆-2主要是为对付高炮难以攻击的远程高空轰炸机和侦察机而设计的,最大射程约50千米,射高3～22千米。此后,萨姆-2又有了扩大作战空域的改进型,能拦击上至34千米高、下至1千米高度的空中目标。

苏联的萨姆-2地空导弹大量出口到越南和阿拉伯国家,在越南和中东战场上都有过出色的表现。1965年越南战争开始后,苏联部长会议主席阿·柯西金访问河内,同越南民主共和国领导人签订了一项关于军事援助的秘密协议。苏联向越南提供了萨姆-2等一批地空导弹,并以军事顾问名义派出3000人的作战部队,直接操作地空导弹等先进武器,由阿布拉莫夫将军指挥。1965年7月26日至8月29日,萨姆-2导弹投入越南战场刚刚一个多月,就击落了100多架美国飞机。1973年12月18日至30日,美国空军出动大批 B-52 战略轰炸机，对越南实施地毯式轰炸。其间，共有 32 架 B-52 被击落，29 架是萨姆 -2 的功劳。

美国万没想到越军的苏制萨姆 -2 导弹如此厉害。在越南战争的头 4 年里，美军共损失飞机 915 架，94.8% 是被越方地面防空武器击落的，其中记在萨姆 -2 账下的比例最高。

为夺回优势，美国决心采取"挖眼战术"，即挖掉越方导弹和高炮群的"千里眼"——雷达。于是，五角大楼制订了一个"QRC 计划"，动员数百家军工厂商，组织 10 多万科技人员，投资 25 亿美元，研制出一系列电子战新武器，其中包括"野鼬鼠"电子战飞机、机载雷达告警器、电子干扰吊舱等，以及"百舌鸟"反辐射导弹。这样，美军飞机既能对敌方地空导弹雷达系统施放电子干扰搞"软杀伤"，又能发射"百舌鸟"导弹进行"硬摧毁"。

美军的电子战武器投入使用后，萨姆 -2 导弹的

萨姆 -2 地空导弹

中国红旗2号地空导弹

命中率大幅度下降。美军在一份报告中称：如果没有电子对抗武器的保护，被导弹和高炮击落的飞机，将会是实际损失的5倍。25亿美元的投资，使价值27亿美元的540架飞机免遭击落。据统计资料，在没有电子干扰的情况下，萨姆-2单枚命中率为70%，3枚命中率为97%。萨姆-2入越作战初期，每发射10枚导弹就能击落1架敌机。到1967年，平均50枚导弹才能击落1架敌机；1972年12月击落1架敌机需要66枚导弹，最高则需要84枚，主要是因为美军飞机普遍装备了电子干扰机。

尽管如此，美军飞行员对萨姆-2导弹一直心存恐惧。五角大楼曾做出明文规定：没有电子战飞机护航，机群不能起飞作战。

针对实战中暴露的问题，苏联对萨姆-2进行了多次改进，推出B、C、F、E等改进型，增强了抗干扰能力和机动性。通过越南战争，以萨姆-2为主力的苏联地空导弹发展成了一个庞大的家族，先后有19型萨姆地空导弹问世，生产导弹数万枚、发射架近万部。苏联（俄罗斯）是世界上装备地空导弹种类和数量最多的国家。

在萨姆系列导弹中，萨姆-5（S-200）、萨姆-10（S-300）、萨姆-12（S-300V）以打得高、打得远为优势，主要对付高空远程目标。萨姆-5（S-200）是目前世界上打得最远的地空导弹，最大射程250千米，在1963年莫斯科阅兵式上首次亮相。萨姆-10（S-300）相当于美国的"爱国者"地空导弹，用于取代萨姆-2，最大射程80千米，不仅能打飞机，还能

萨姆-3地空导弹

萨姆-5 地空导弹

对付巡航导弹和战术弹道导弹。

萨姆-1、萨姆-2 和萨姆-4 为中高空中远程地空导弹,射程在 30 千米以上,作战高度大于 20 千米。它们都是 20 世纪五六十年代的产品,逐步被萨姆-10 和萨姆-12 取代。

萨姆-3、萨姆-6、萨姆-11 和萨姆-17 为中低空中程地空导弹,射程都在 30 千米之内,作战高度低于 20 千米。其中,萨姆-6 在战事频繁的中东地区曾多次发挥威力,在世界防空武器史上书写了浓墨重彩的一页。

在 1967 年的第三次中东战争(也称"六五战争")中,为对付苏联提供给埃及、叙利亚等阿拉伯国家的地空导弹,以色列引进美国的先进技术,在作战飞机上安装了一种称为"黑盒子"的电子干扰仪器。仅 6 月 5 日和 6 日两天,以色列空军采取"闪电"

突袭战术，摧毁了停在机场上的埃及、叙利亚等国飞机760余架，部署在机场周围的大量萨姆-2、萨姆-3地空导弹形同虚设，几乎完全失去了作用。战争只进行了6天，失去了制空权的阿拉伯国家遭到惨败，埃及、叙利亚、约旦军队死亡2万余人，受伤和打散的有3.5万余人，被俘的有6500人，而以色列官兵死亡仅809人。埃及、叙利亚等国还失去了65000多平方千米的土地。

为洗刷"六五战争"的屈辱，埃及等国励精图治，加强战备，并从苏联获得了一批新型武器。在1973年第四次中东战争爆发前，约200套萨姆-6地

萨姆-6地空导弹

空导弹系统秘密运往埃及、叙利亚，补充到两国的防空网中。萨姆-6是一种机动式全天候中近程、中低空地空导弹，20世纪60年代中期开始在苏军服役。整个系统分装在两辆履带车上，其中一辆为三联装导弹发射车，另一辆为雷达制导车，防低空射程3～35千米，防中空射程3～60千米，射高100～18000米，速度马赫数2.8～3。战斗部重80～90千克，内装烈性炸药40千克。全弹长6.2米，直径0.34米，翼展1.22米，发射重量550千克，动力装置为1台固体燃料火箭和冲压一体化发动机。

根据"六五战争"的教训，为对付美国人给以色列研制的"黑盒子"，苏联人为萨姆-6配置了抗干扰设备，制导雷达采用多种工作频率、多波段和多种制导方式。萨姆-6导弹首创制导雷达调频技术，可根据敌方电子干扰手段不断变换频率。而以色列人仍沉湎于"六五战争"的辉煌，对埃及等国新配置的萨姆-6的特性一无所知。

苏联在为埃、叙两国军队提供萨姆-6导弹的同时，派出了一批导弹技术专家，并负责对阿拉伯国家地空导弹部队进行训练。这种导弹部队以旅为建制单位，下辖5个火力营和1个技术营。每个火力营装备4辆导弹发射车及相应的配属车辆，共编制34名官兵。火力营具有独立作战能力，战斗展开需7分钟，撤离转移5分钟，从发现目标到发射导弹的反应时间为30秒，作战半径5～25千米。

针对以色列飞机主要来袭方向，埃、叙两国军队部署了60多个萨姆-6导弹营，以及部分萨姆-2、萨姆-3、萨姆-4、萨姆-7地空导弹和高炮部队，构成了从前沿向前20千米、向后80千米，纵深100千米、宽50千米的多层次防空火力网。

战争打响之前，埃及总统穆罕默德·安瓦尔·萨达特、国防部长艾哈迈德·伊斯梅尔·阿里视察苏伊士运河西岸的地空导弹部队，陪同的防空部队司令法赫中将自豪地说："在世界战争史上，建立起以地空导弹为主体的防空体系，我们是第一家。越南战争中，越军的防空导弹虽然不少，但在整个防空体系中所占的比例仍少于高炮群。"

1973年10月6日，配备有坦克、装甲车、火炮、地空导弹等重装备的数万埃及军队，突破被以色列吹嘘为"坚不可摧"的巴列夫防线，跨过苏伊士运河，使埃及的旗帜重新在运河东岸飘扬。以色列因骄傲轻敌，在战争初期遭到惨败。为夺取制空权，以色列国防部长达扬和空军司令佩莱德少将决定集中力量空袭埃、叙两国军队的导弹阵地和空军基地。

10月7日，以色列空军出动近百架作战飞机，企图一举摧毁埃、叙两国军队的防空导弹阵地。

上尉飞行员亚西仍采用几年前对付萨姆-2的办法，他自信"黑盒子"会保护自己平安无事。正当他准备俯冲投弹时，一枚高速飞行的导弹突然袭来，亚西还没有来得及做出反应，座机便被导弹击中。

"黑盒子"怎么不灵了呢？莫名其妙的亚西被弹出机舱，成了埃及军队的俘虏。

战争进行了18天，埃及击落以色列空军"鬼怪""幻影""天鹰"等飞机114架，其中78架是被以萨姆-6导弹为主力的地空导弹击落的，使以色列失去了制空权，保证了埃军地面部队的行动。

在一次战斗后，叙利亚萨姆-6地空导弹雷达操纵手说："空袭大马士革的8架以色列飞机，有7架被我们营击落！"

望着一架架往日不可一世、如今拖着黑烟坠地的"鬼怪"飞机，埃、叙两国士兵们雀跃欢呼："萨姆，萨姆！"

萨姆-6在第四次中东战争中的骄人战绩，使其声名鹊起，全球一度刮起了"萨姆"旋风，萨姆-6导弹成为国际军火市场上的头号明星。

西方某些偏激的军事评论家甚至说：面对命中率极高的地空导弹，飞机已经过时！

萨姆-6的"娘家人"自然神气十足，苏联高级将领夸口说：苏制萨姆系列导弹是世界上最先进、最有效的防空武器！

中东战场实际上是苏美两个超级大国新式武器的试验场和高技术竞赛场。萨姆-6使美制装备为主的以色列空军遭到惨重损失，在美国五角大楼引起了强烈震动。

为揭开萨姆-6的技术秘密，美国中央情报局和以色列情报机构展开了卓有成效的工作。以色列不惜代价，设法弄到了一套萨姆-6导弹，随即将其"大卸八块"，研究其中奥秘，同时把它的制导部分悄悄运到美国。他们终于弄清了萨姆-6的制导方式、雷达工作频率等秘密。科技力量雄厚的美国军工企业很快攻克难关，有针对性地研制了一系列新的电子对抗系统，为以色列作战飞机配装了名为 ALQ-131 双模（噪声和欺骗式）电子干扰吊舱。这种吊舱可根据实战情况，机动灵活地施放强大的电子干扰，迷瞎萨姆-6的制导雷达。

此外，为对付萨姆-6的雷达跳频技术，以色列为"百舌鸟"反辐射导弹研制了多种导引头，使之能酌情分选跟踪萨姆-6制导雷达的电波束；还为"百舌鸟"加装了"记忆"装置，使之接近第二代反辐射导弹"标准"的水平。

在世界战争舞台上，没有任何一种武器能永远保持领先地位或绝对优势。正当阿拉伯国家大批购进萨姆-6导弹，企望以此建立严密的防空力量时，第五次中东战争于1982年6月爆发了。

以色列派出90多架作战飞机，直扑叙利亚与黎巴嫩边界附近的贝卡谷地。叙利亚军队在这个30千米的狭长地带，共部署了19个萨姆-6地空导弹营。叙军依然陶醉于9年前的"辉煌"，以为有萨姆导弹编织的防空屏障，就可让以色列空军飞机有来无回。

以 F-15、F-16 为主力的以色列机群在飞临贝卡谷地上空之前，先以无人驾驶机引诱叙军雷达开机，迅即掌握了叙军防空导弹系统的工作频率。接着，以军飞机实施强大的电子干扰，发射"百舌鸟""标准"反辐射导弹，使数百部叙军雷达顷刻之间处于迷茫和混乱状态，防空部队变成了"瞎子"，地空导弹只能傻等着挨炸了。

几分钟后，一枚枚高爆炸弹和空地导弹从天而降，贝卡谷地顿时变成了血与火的海洋。轰炸持续了

6分钟,叙军19个萨姆-6导弹营阵地全部被摧毁。

消息传到叙军最高司令部,在场的叙利亚总统阿萨德简直不相信自己的耳朵。他像突然挨了一闷棍,有气无力地自言自语:"这不可能,这不可能!"但事实却是无法改变的,被叙利亚人视为"护身符"的19个萨姆-6导弹营不复存在,萨姆-6曾有过的辉煌时期已告结束。贝卡谷地之战也使苏军大为震惊。战场的硝烟还未散去,苏联防空军副司令尤拉索夫上将就率军事代表考察团飞往叙利亚,调查这次萨姆-6导弹一败涂地的原因。在重兵护卫下,尤拉索夫上将秘密视察了贝卡谷地,随行的技术专家从现场

萨姆-11防空导弹

收集了有关资料。

针对萨姆-6暴露的问题，苏联专家采取了改进措施，并研制出萨姆-11等新一代中近程、全高度导弹，逐步取代了萨姆-6。苏联解体后的多次局部战争和冲突中，萨姆-11（绰号"山毛榉"）被大量使用，如叙利亚战争，俄罗斯向叙利亚政府军提供了这种导弹。萨姆-11系统由指挥车、搜索雷达车、导弹发射车和装填车4部分组成。该系统能同时发现75个目标的轨迹，并跟踪其中的15个，雷达搜索距离远达160千米，搜索目标最大高度可达25千米，导弹最大射程在40千米以上。萨姆-11导弹发射车也能单车作战，车前那个硕大的整流罩里有一个跟踪制导雷达，对高度3千米的目标作用距离85千米，紧急情况下即可独自作战。

萨姆-11的改进型——"山毛榉"M3

俄罗斯近年已经研制出萨姆-11导弹的改进型，称为"山毛榉"M3型。该改进型不仅增加了一体化的发射包装筒，导弹不再裸露在外，同时射程大大提高，达到70千米以上。

萨姆-6至今仍在一些国家和地区服役，并再次创造了令世界震惊的战绩。1995年，原属南斯拉夫的波黑境内硝烟四起，战火纷飞。美国和北约在波黑上空划定禁飞区，严密监视波黑塞族的动向。6月2日，美国两架F-16C"战隼"战机进入波黑禁飞区上空执行巡逻任务。按照规定，在波黑禁飞区执行任务时，战机高度要保持在7000米以上，因为塞军装备了许多高炮和便携式防空导弹，可打击中低空目标。长机飞行员奥格雷迪指挥僚机，迅速爬上7000米空中。奥格雷迪自信，在这样的高度，塞军的武器不可能把世界上最先进的战机打下来。

当两架F-16C战机飞到波黑北部的塞族控制区上空时，奥格雷迪突然听到"嘀……嘀……"的警报声。他意识到：战机已被地面防空武器捕捉到，是高炮还是防空导弹呢？就在他犹豫的瞬间，告警装置又发出"嘀嘀"的警报声。这声音使奥格雷迪毛骨悚然，他知道，地面防空武器已将他的F-16C战机锁定了。

如果奥格雷迪在听到第一次告警声音时，立即采取规避措施，还有可能躲过地面攻击，可现在晚了。塞军使用的是多年前从苏联进口的萨姆-6导弹，向美军飞机连续发射了几枚，其中一枚在两架战机之间爆炸，但未对两架战机造成任何伤害。在飞行员惊魂未定时，另一枚导弹拖着长长的白色尾迹，接踵而

萨姆-19"通古斯卡"防空系统

至,直奔奥格雷迪的战机,并在其腹部爆炸。F-16C战机一下被劈成两半,尾部凌空爆炸,机首像一个巨大的秤砣,迅速坠落下去。

  飞机为躲避高空远程地空导弹,便改从低空、超低空突破对方防空网。于是,地空导弹家族中又增加了一批新成员,如低空近程地空导弹萨姆-8、萨姆-9、萨姆-13、萨姆-15和萨姆-19,这些系统都装在车辆底盘上,可随机械化部队行动,射程在12千米之内,专门打击低空目标。其中,萨姆-15是世界上第一种采用垂直发射技术的低空近程地空导弹,一辆车就是一个火力单元,能同时对付两个目标;萨姆-19"通古斯卡"是一种弹炮结合的防空系统,导弹与高射炮装在一辆车上,可取长补短,火力猛,抗干扰能力强。还有几种超低空短程地空导弹,主要是便携式的萨姆-7、萨姆-14、萨姆-16和萨姆-18,

担负前沿地区的防空任务，射程在 6 千米之内。其中，萨姆 -16 拥有双通道红外导引头、内置式目标识别功能，能自动选择有效发射时段，自动计算提前量和仰角。

在 1999 年的科索沃战场上，面对美国和北约国家的高技术武器，20 世纪五六十年代生产的苏制萨姆地空导弹宝刀不老，过关斩将，再展雄风。3 月 24 日夜间，南斯拉夫军队用"萨姆"导弹摧毁了 3 枚"战斧"巡航导弹。同一夜晚，北约的一架"旋风"战斗机被萨姆 -6 地空导弹击落。美国空军的一架 F-16 战斗机则在白天被萨姆 -6 导弹击毁。

尤其令世人震惊的是，在 3 月 27 日北约对南联盟的第四轮空袭中，号称世界最先进的 F-117A 隐身战斗轰炸机，被萨姆 -3 地空导弹击毁。这是美国空军作战史上一大耻辱，也是"萨姆"导弹作战史上最为光彩的一页。萨姆 -3 导弹，绰号"果阿"，又名"小羚羊"，主要用于对付中低空目标，适于要地防空，也可用于野战防空。萨姆 -3 导弹采用无线电指令制导，最大射程 30 千米，最大速度马赫数 2～2.5，最大射高 12200 米，战斗部重 108 千克，采用破片杀伤，破片数量可达到 3670 块，4 枚导弹齐射可形成 15000 多块碎片。面对如此大的火网，进入其中的 F-117A 自然是插翅难逃，劫难临头。

萨姆 -18 及其改进型"针"-S 便携式防空导弹，在科索沃战争中也有不凡的表现。北约共发射了 1000 多枚 AGM-86C 和 BGM-109C 常规巡航导弹，由于其飞行速度低，航路相对固定，弹体易被毁伤等，南联盟军队使用便携式防空导弹共击落 238 枚巡航导弹。南联盟军队称，拦截巡航导弹最好的武器是"针"-S 便携式防空导弹。在车臣战争中，车臣武装使用萨姆-18 改进型打下多架俄军直升机，包括俄军将军在内的数百人身亡。

萨姆-18 是俄罗斯便携式防空系统中唯一采用双通道红外导引头的型号。导引头内的目标选择逻辑装置能够识别由超声速目标发射的各种红外假目标，抗红外干扰能力很强。作战时，射手只需探测到目标并通过瞄准装置瞄准目标，导弹发射都是自动进行的。由于导弹飞行速度快，导引头灵敏度高、视角大，不仅能尾追攻击目标，而且还能从正面和侧面攻击目标，实现了全向攻击。

多年以来，十几种萨姆系列地空导弹在实战中经受考验，在国际武器市场上长盛不衰，许多超期服役的老"萨姆"仍在守卫着众多国家和地区的天空。从研制、装备和出口地空导弹的数量看，苏联和现在的俄罗斯，名列世界前茅。1972—1986 年，苏联生产了 71 万枚地空导弹，出口约 4 万枚。苏联解体后，俄罗斯的地空导弹数量、质量仍处于世界领先地位。近年，俄罗斯的防空武器不断更新换代，在 2000 年以后主要剩下性能先进的萨姆-10、萨姆-11、萨姆-12、萨姆-15、萨姆-16、萨姆-18 和萨姆-19。它们可在防空作战中混合配置，以远中近程、高中低空火力网，构筑多层多道防空弹幕。在未来的武装冲突中，萨姆系列地空导弹还会有再显身手的机会。

"英雄营"长缨在手,千里奔袭"射天狼"

根据中苏两国1957年达成的协议,苏联向中国提供了萨姆-2地空导弹。1958年8月,中国第一支地空导弹部队正式成立,共4个营,装备苏制萨姆-2导弹系统5套,备弹62枚。苏方派来以斯廖斯基营长为首的指挥和技术人员,在北京长辛店对中国地空导弹营官兵对口培训,很快形成了战斗力。按照苏军地空导弹部队编制,营是基本作战单位。1个营有3个连,即制导连、发射连和技术保障连。

1959年上半年,国民党空军使用美制RB-57D高空侦察机,窜入大陆纵深进行战略侦察,往返十几次,飞行高度2万米。解放军起飞米格-19、歼-5等飞机200余架进行截击,均因飞行高度不够,无能为力。空军司令部决定调派刚成立不久的地空导弹营参战。

10月7日上午,一架RB-57D从浙江温岭地区上空窜入大陆。它像一只偷油偷大了胆的老鼠,在大陆纵深高空如同逛花园一般,直向北京方向飞去。但它早已被空军部队的远程警戒雷达发现,空军指挥所向驻守在京东通县张家湾机场的地空导弹第2营发出进入战斗状态的命令。

第2营马上拉响了警报,全体人员进入紧急战备状态。制导雷达很快捕捉并跟踪上了目标。这是地空导弹追杀目标的第一步,即搜索阶段。紧接着进入了第二步——跟踪发射阶段。跟踪雷达不断测定敌机运动参数,并输入计算机。

12 时 04 分，RB-57D 进入萨姆 -2 有效射程范围。营长岳振华，30 出头的年纪，原是陆军高炮团团长，在朝鲜战场屡立战功。他沉稳果敢，适时下达射击命令："导弹 3 枚，间隔 6 秒，距离 28000 米，发射！"

技师徐培信迅速压下发射按钮，巨大的推力将导弹推出发射架，导弹呼啸着直飞蓝天。此时是追杀目标的第三步：导弹上的自动驾驶仪不断修正导弹的飞行弹道，使导弹准确地飞向目标。在导弹接近目标时，制导雷达向导弹发出信号，启动引信，引爆战斗部，这是导弹追杀目标的第四步。

很快，从遥远的空中传来了天崩地裂般的巨响，3 枚导弹全部命中目标，导弹战斗部爆炸后形成一个密度很大的破片云，致使 RB-57D 凌空爆炸，国民党空军上尉飞行员王英钦当即毙命。

从发现目标到发射导弹击中目标，地空导弹追杀目标的"四步曲"，时间不到 1 分钟。

红旗 2 号导弹发射

1959年10月7日，在地空导弹史上是一个非同寻常的日子。苏联、美国虽率先研制和装备了战后第一代地空导弹，但首次在实战中开创用地空导弹击落敌机先例的，却是中国人民解放军地空导弹兵。

参照苏联提供的技术资料和实物，中国哈尔滨飞机厂从1959年开始仿制萨姆-2导弹，于1964年5月试制成功，命名为红旗1号，战斗性能与萨姆-2相近。此后，又对其做了21项技术改进，于1966年3月研制成功红旗2号地空导弹，在较长一段时间内成为中国人民解放军地空导弹部队的主装备。

中国空军地空导弹部队还用萨姆-2和红旗2号导弹，创造了击落5架U-2飞机的辉煌战例。

1962年9月9日，南昌地区上空天高云淡，晴空万里。8时许，刚刚接到远方雷达监测站情报的人民解放军空军某部地空导弹第2营进入了一级战备状态。

官兵们各就各位，指挥所里更是一片紧张气氛：控制台上，各种信号灯频频闪烁，雷达操纵手全神贯注地凝视着荧光屏。一架美制国民党空军U-2高空侦察机正在向南昌地区空域逼近。

"发现目标！"雷达操纵手小赵从荧光屏上看到了一个浅绿色的亮点，便高声报告。

营长岳振华、营政治委员赵彬和参谋长王敬之精神为之一振，随即下达命令："继续跟踪！"

此时，目标距离102千米，高度2万米。

发射阵地上导弹发射架缓慢地转动着，各种数据参数接连不断地输入导弹。此时正是"弯弓射大雕，万事已具备"。

8 时 32 分，敌机进入导弹有效射程。

"发射导弹！"随着岳振华营长的一声令下，3 枚萨姆-2 导弹腾空而起，直扑 2 万米高空的目标。

见势不妙的 U-2 飞机驾驶员急忙做规避动作，但导弹像长了眼睛似地转向追踪。"轰"的几声巨响，数千块高速运动的弹片将 U-2 飞机炸得遍体鳞伤。飞机冒着浓烈的黑烟翻滚跌落，坠于南昌附近的田野上。

这次战斗，是中国空军地空导弹部队第一次同美制 U-2 高空侦察机交手，首战告捷。

喜讯传到北京，毛泽东主席和中央其他领导人备感兴奋。第 2 营指战员被请进中南海，毛主席握着岳振华的手，连声称赞："打得好，打得好哇！"

能够打下 U-2 飞机，确实不易。这种飞机由美国洛克希德公司研制，1956 年装备美国空军。U-2 轻巧细长，全身黑色，专用于军事间谍活动，得了个"黑寡妇"的绰号。它的实用升限 22870 米，最大时速 850 千米，最大航程 7200 千米，续航时间 8 小时 30 分。在 2 万米高空，照相收容可供判读的地面宽度左右各 75 千米，特种电子侦察距离达 600 千米。1956 至 1960 年，美国使用 U-2 飞机进行全球性军事侦察活动，其踪迹遍布世界几大洲。1960 年 5 月 1 日，1 架 U-2 飞机被苏联防空部队击落，飞行员弗郎西斯·鲍尔斯被俘虏。此后，美国改用更先进的 SR-7 "黑鸟" 3 倍声速侦察机进行全球战略侦察，将几架 U-2 飞机送给了国民党空军。20 世纪 60 年代初，

U-2频繁进出中国大陆，活动范围遍及20多个省市区。

当时，中国空军只有3个地空导弹营，5套苏制萨姆-2导弹系统，主要部署在北京地区周围。为打击美制国民党空军U-2飞机，中国人民解放军空军司令部根据敌机活动特点，制定了地空导弹营机动设伏的作战方案。岳振华率领的第2营于1962年8月29日夜秘密进入南昌市郊向塘阵地。这一带空域是U-2飞机经常进出之地，上半年U-2飞机窜入大陆纵深11次，有8次经过南昌，被解放军地空导弹部队击落1架。

国民党空军在南昌上空吃了苦头之后，急忙求助于美国。美国情报部门设法窃取了苏制萨姆-2导弹制导雷达的工作频率，为U-2飞机安装了电子预警设备。飞机在空中飞行时，一旦被地面制导雷达捕捉，机舱内的电子预警设备马上就会向飞行员告警，并显示地面导弹的方位，飞机随即机动规避。

配装电子预警设备的国民党空军U-2飞机，又多次窜入大陆纵深侦察，均逃脱了人民解放军地空导弹部队的打击。

"道高一尺，魔高一丈"。在几次失利之后，地空导弹部队研究出了一种克敌制胜的"近战快法"：按照苏军制定的萨姆-2导弹作战教令，接到远方警戒雷达报警后，地空导弹营打开制导雷达天线应在100千米之外，现压缩到37千米以内，这样就可使U-2飞机电子预警设备发出告警信号后，飞行员来不及转弯机动。

1963年11月1日，国民党空军飞行员叶常棣驾驶 U-2 飞机，从 2 万米高空进入大陆空域。飞机飞经九江，直奔上饶。奉命在该地区设伏的人民解放军地空导弹部队第 2 营早已发现了目标，但制导雷达一直处于"沉默"状态。

"目标距离 35 千米！"营长岳振华听到测距员的报告后，果断地下达了"开天线"的命令。

第 2 营官兵从打开制导雷达天线，到发射导弹，只用了 8 秒钟。如按照原来的作战教令，从 100 千米外打开制导雷达天线，连续追踪目标的时间需要 7～8 分钟。而这 8 秒钟，便决定了战斗的胜负。敌机飞行员刚刚知道自己处于危险状态，便被 2 倍声速飞来的导弹击中。叶常棣跳伞后被俘虏。

从坠落于上饶附近的 U-2 飞机残骸中，果然发现了一种香烟盒大小的"新玩意儿"，即美国人研制的电子预警装置，称为"12 系统"。

经解剖分析，中国空军技术专家弄清了"12 系统"的奥秘。他们对症下药，为萨姆 -2 地空导弹专门研制了一种对付"12 系统"的装置，命名为"反电子预警 1 号"。

1964 年 7 月 7 日，增装"反电子预警 1 号"的地空导弹第 2 营在漳州地区设伏作战，击落第 3 架 U-2 飞机。此战仍由岳振华指挥，但此时他的身份已是空军防空部队副师长。国外军事评论家称：中国漳州"七七战斗"，在世界地空导弹作战史上，首开电子对抗之先河。

漳州之战后，美国人为 U-2 飞机换装了更先进的电子干扰系统，称为"13 系统 A"，使中国地空导弹的"反电子预警1号"失去了作用。在广西宁明和甘肃兰州地区的机动作战中，地空导弹部队第1营、第2营均告失利。

在诡谲多变的战争中，先进的科学技术就是战斗力。中国地空导弹兵部队瞄准的是国民党空军的窜扰飞机，实际上是在同世界上军事科技实力最雄厚的美国对抗。但他们不畏强敌，科技人员合力攻坚，很快

红旗2号的制导雷达

研制出"反电子预警2号"。

1965年1月10日晚9时许，配装"反电子预警2号"的地空导弹第1营终于取得了成立以来的首次战果，在内蒙古萨拉奇地区打了一个漂亮仗，击落了第4架美制国民党空军U-2飞机。

这一年，中国空军防空部队开始装备国产地空导弹——红旗1号，其外形、性能与苏制萨姆-2相似。不久，中国科技人员又研制成功性能更加先进的红旗2号地空导弹，于1966年装备部队。红旗2号配备有"反电子干扰2号"，具有较强的抗电子干扰能力。1967年9月8日，地空导弹部队第14营在浙江嘉兴地区击落第5架U-2飞机，他们使用的是国产红旗2号地空导弹系统。从飞机坠落的现场找到了一个黑匣子，从上面的英文标示可以断定是"13系统A"。

这些被击落的U-2高空侦察机，相继运到了北

被中国地空导弹部队击落的美制U-2侦察机

中国红旗 12 地空导弹

京，在中国军事博物馆广场展出，在国内外引起了巨大的轰动，显示了中国人民解放军的强大战斗力。

在世界地空导弹发展史上，中国虽不是最早研制成功地空导弹的国家，却首创在实战中用地空导弹击落敌机的先例（1959 年 10 月 7 日击落美制国民党空军 RB-57D 高空侦察机），首创地空导弹机动作战方式，首创反电子预警和反电子干扰，对地空导弹的发展做出了重要贡献。

进入新的世纪，中国自主研制的新一代地空导弹相继装备部队，作战能力大幅度提升。

海湾战争经典一幕
——"爱国者"大战"飞毛腿"

在海湾战争中,美国首次将"爱国者"导弹投入实战。"爱国者"拦截"飞毛腿"的场面通过电视传到世界各地,给人们留下了深刻印象。

海湾战争期间,美国有线电视台每天向世界各地播发战场新闻,其中最令人难忘的便是"爱国者"大战"飞毛腿"的镜头:四联装箱的"爱国者"倾斜发射,闪烁的弧光划破漆黑的夜空。接着,约20千米外两弹相遇,从空中传来震耳欲聋的爆炸声,"飞毛腿"被摧毁了。这是弹道导弹自问世以来首次在实战中遇到"克星",首次打破了弹道导弹不能防御的历史。在海湾战争中,美军拦截"飞毛腿"使用的是"爱国者"-2(PAC-2)。

早在20世纪60年代初,美国陆军就考虑研制一种具有一定反弹道导弹能力的"野战陆军弹道导弹防御系统",1966年4月招标,确定雷神公司为主承包商。雷神公司1972年开始工程研制,1982年向陆军交付第一套导弹系统,随后投入批量生产。1985年年初,首批"爱国者"导弹装备了美国驻联

"爱国者"-2导弹

"爱国者"-2 导弹发射

邦德国的陆军部队。

从提出设想到形成初步作战能力,"爱国者"武器系统历时 20 余年,耗用研制、试验和鉴定经费 21.114 亿美元,平均每枚导弹 69.5 万美元。它的主要作战对象是战术弹道导弹、高性能飞机、巡航导弹等。作战半径最大 80～100 千米,最小 3 千米;作战高度最大 24 千米,最小 300 米。其 AN/MPQ53 型多功能相控阵雷达,可发现 140 千米以上的目标,能对相当大空域内分布的 100 个目标实施搜索、监视,并可同时跟踪 8 个目标,向 5 枚导弹发出指令,首先射向 3 个威胁最大的目标。

"爱国者"武器系统的最小作战单位是"火力单元",由火控和发射架两大部分组成。火控部分包括

AN/MPQ-104指挥控制车、AN/MPQ-53雷达车、天线车和电源车。发射架的数量一般为5～8个，视任务不同而异。美国陆军1个"爱国者"导弹营由6个"火力单元"（连）组成。全部设备都安装在轮式载车上，具有较好的机动能力，也可用大型运输机空运。

"爱国者"系统采用1部多功能相控阵雷达，地面雷达与弹上设备的组合制导，能同时完成搜索、照射、跟踪、制导和敌我识别等多种功能，反应时间短，自动化程度高，抗干扰能力强。"爱国者"制导雷达的关键技术是相控阵天线、高速计算机以及TVM制导技术。TVM是Target Via Missile的缩写，意为通过导弹跟踪测量目标，获得目标信息实现制导。TVM制导技术是在20世纪70年代至80年代，微电子技术还不够发达，各类数字器件计算能力还不够高，体积还不够小的情况下，为了解决制导精度和提高抗干扰能力而采取的一种半主动制导体制的特殊变形。其制导过程为：当导弹发射并被引导入雷达控制波束后，导弹上的单脉冲体制半主动导引头开始接收目标反射的雷达信号，此时导引头不处理接收到的信号，而通过下行传输线发送给制导雷达；制导雷达将它收到的目标回波和弹上转发来的目标信号经比较处理后，得出精确的目标方向，由计算机形成控制指令，再通过上行线传输给导弹，控制导弹飞向目标，并杀伤目标。这种方式将原来半主动制导体制设置在导弹上的计算系统转移到地面的制导雷达上，节省了弹上空间，减小了导弹体积。而又将指令制导体制的目标角度测量元件搬上导弹,大大提高了制导精度。TVM 制导方式最大的优点是在干扰条件下可进行被动跟踪,不测量目标距离也能通过导弹、地面雷达和目标组成的三角形解算出目标距离、方向。其次,导引头接收的目标回波信号通过下行线发送给地面 TVM 天线接收,由作战控制站的计算机进行精密处理,与主雷达提供的数据进行比较,可测定敌方电子战活动的效果,大大提高了末制导的抗干扰能力。20 世纪 90 年代以来,随着电子技术的进一步发展,微波器件的固态化、小型化工艺日趋成熟,主动制导体制在技术、工艺和经济性上取得突破,TVM 技术本身存在的系统单元数目多、结构复杂、引导攻击目标数量受数据链数量限制等缺点渐渐暴露,新一代防空导弹都放弃了 TVM 体制,转而采用主动制导。

作为第一种投入实战使用的反弹道武器,"爱国者"在 20 世纪 90 年代初出尽了风头。在海湾战争中,美国军方也大肆宣扬"爱国者"的威力,声称对"飞毛腿"的拦截成功率达 96%。在战争结束一年之后,新闻界披露了一些内幕真相,使人们了解到"爱国者"的成功率远没有原来宣传的那么高。美国国防部也不得不降低调门,称拦截成功率在沙特为 70%,在以色列为 40%。以色列情报部门认为,真正被拦截的"飞毛腿"只有 9%。实际上,美国军方对"爱国者"-2 在海湾战争中暴露出来的问题比谁都清楚,如拦截高度低、距离近,破片杀伤式弹头不能确保摧毁来袭导弹的弹头,没有识别真假目标的能力等。

"北极熊"的利爪——
俄罗斯战略防空系统

1996年3月20日凌晨,黎明前的黑暗笼罩着大地。居住在俄罗斯叶卡捷林堡市区一幢住宅的著名导弹设计师斯米尔诺夫还在睡梦之中。突然,一个蒙面杀手神不知鬼不觉地潜入主人的卧室。几分钟后,住宅里传出沉闷的枪声……

当警察赶来时,斯米尔诺夫已倒在血泊中。死者头部中弹,从住宅的楼梯上栽了下来。警方调查后初步判断,行凶者是一名职业杀手,杀人动机与死者从事的尖端技术工作有关。

斯米尔诺夫是俄罗斯杰出的武器设计专家,S-300战略防空系统的主要设计师。有一种尚待证实的猜测:斯米尔诺夫就是因S-300而被暗杀的。

S-300战略防空系统有两个系列:一是"金刚石"中央设计局研制的S-300P系列,北约称为萨姆-10(SA-10),诞生于20世纪70年代,目前有5种型号;二是由"安泰"设计局研制的S-300V系列,北约称为萨姆-12(SA-12),目前有2种型号。S-300战略防空系统是为抗衡美国的新型巡航导弹而研制的一种机动式多通道地空导弹。经过不断改进,该防空系统具备了拦截弹道导弹的能力。整个系统由1部多功能相控阵雷达、1部低空目标搜索雷达和指挥车等组成,可控制4个发射单元,每单元装备4枚导弹,全系统共有12辆车辆、48枚导弹。

俄罗斯S-300的工程研制开始时间与"爱国者"

差不多。其中，S-300P 于 1970 年开始研制，1977 年装备苏军，集中部署于莫斯科周围，主要用于保护国家指挥机关和关键的军事工业基地等。S-300P 的相控阵雷达能够发现距离 185 千米的飞行目标，可同时处理 120 个目标，同时制导 12 枚导弹，拦截来袭的 6 个目标。

该系列 5 种型号中的最新型 S-300PMU2 "骄子"于 1998 年首次公开亮相，2002 年 9 月在卡普斯京亚尔试验场完成最后的试验，同年年底正式参与俄罗斯防空部队的战斗值班，当时被认为是世界上现役防空武器系统中性能最优、最全面的一种。它能拦截 200 千米以内的空中目标，包括高空、低空的飞机、巡航导弹、弹道导弹等。S-3000PMU2 系统由指挥中心、目标搜索雷达、制导站、48N6E2 型导弹及 4 联装发射车等部分组成，具有全天候全空域作战能力。48N6E2 型导弹采用惯性制导和主动雷达末端制导，弹长 7.5 米，弹径 0.5 米，起飞重量 1800 千克，最大射程 200 千米，最大飞行速度马赫数 6，采用破片杀伤战斗部，发射方式为垂直发射。

1991 年苏联解体时，乌克兰军队也获得大量防空系统武器，其中有约 300 辆 S-300 发射车，乌克兰空军拥有 6 个旅加 4 个团的 S-300P，乌克兰陆军装备的则是 S-300V，但留存下来的大约有 100 套。2022 年俄罗斯对乌克兰特别军事行动开始后，乌克兰军队的 S-300 成为俄罗斯军队的重点打击目标，双方的 S-300 在防空作战中各显神威。10 月中旬，俄军的 S-300 在 217 千米外击落乌军 1 架苏 -27 和 1 架苏-24战机。乌军的S-300得到了北约情报的密切配合，也击落了俄军的苏-35战机，对俄军掌控制空权构成威胁。原属华约的斯洛伐克等国家，也将过去从苏联获得的S-300援助给了乌克兰。

S-300V于1987年装备部队，该系统由指挥车、圆扫描雷达、扇面扫描雷达、多通道导弹制导站、9M83型导弹及4联装履带式发射车、9M82型导弹及2联装履带式发射车等部分组成。导弹采用惯性制导和半主动雷达末端制导，发射方式为垂直发射。其最新改进型"安泰"-2500于1999年服役，该系统配用9M83M、9M82M型两种导弹，二者可分别对付距离较近和较远的目标，能同时拦截24个目标，或者同时拦截16个速度3千米/秒、射程2500千米的来袭战术弹道导弹，最大拦截距离40千米，最大拦截高度35千米。

北约国家支援乌克兰的S-300防空导弹

可见，S-300武器系统在发现目标距离和处理目标数量，以及拦截范围和一次攻击目标的数量上，都强于"爱国者"-2。在作战高度方面，S-300PMU能攻击25～27000米空域的目标，"爱国者"-2攻击目标的高度为300～24000米，显然，S-300在对付低空目标能力上也比"爱国者"-2

俄罗斯 S-300V 机动式多通道防空系统

俄罗斯 S-300 导弹离开发射筒瞬间

略胜一筹。

海湾战争结束后,一支装备 S-300 的俄罗斯防空部队进行了多次演习试验。在一次 S-300 与美国"长矛"性能相近的地地导弹对抗中,4 枚敌方弹道导弹全部被命中,其中有 2 枚落在距引导点 7～8 千米的地区。从拉响战斗警报,到战斗人员进入阵地,到能够发射导弹（此段时间称战斗准备时间），只花了 5 分钟时间。而"爱国者"-2 的战斗准备时间大约要 25 分钟，S-300 在反应速度和拦截范围方面也略占上风。

从发射方式上来看，S-300 采用垂直发射，先靠发射筒内的压缩空气将导弹垂直弹射到 30 米左右的空中（此段发动机不点火，称为"冷发射"），而后发动机点火，推动导弹飞行，可拦截 360° 范围的目标。而"爱国者"-2 是以 38° 仰角发射导弹，只能拦截 38° 仰角前方一个扇形范围内的目标。如果敌方导弹突然从发射阵地后方袭来，它就无能为力了。

当然，"爱国者"-2 也不是处处不如 S-300。"爱国者"-2 精巧轻便，弹长 5.31 米，弹径 0.41 米，发射重量 1000 千克，战斗部重 80 千克；S-300 粗大笨重，S-300PMU 的导弹弹长 7.25 米，弹径 0.508 米，发射重量 1664 千克，战斗部重 133 千克。

另外，"爱国者"-2 的末段制导采用 TVM 方式，这种方式是指令制导与半主动寻的制导的组合，导引头获得反射信号后，不在弹上处理，而下发到地面，由地面设备进行适时、复杂的信号处理，以指令形式再发送至导弹。这样，导弹本身不需装备计算机，可减少导弹的体积和成本，同时可大幅度提高制导精度和抗干扰能力。"爱国者"-2 的自动化程度比较高，一个火力单位只需一名指挥官和两名操作手。

俄罗斯在 S-300 基础上，于 20 世纪 90 年代又推出了性能更先进的 S-400 "凯旋"。

S-400 武器系统充分利用俄罗斯在雷达、火箭、微电子和计算机等领域最先进的独有技术，于 1999

俄罗斯 S-400 导弹发射

年年初研制成功,主设计单位是"金刚石"中央设计局。同年 2 月 12 日,俄罗斯军方、军工科研部门与生产厂家联手在卡普斯季诺亚尔靶场进行了首次"工厂综合试验"。国防部长谢尔盖耶夫元帅称赞"发射极为顺利",俄罗斯新一代防空系统 S-400 由此诞生。

S-400 武器系统的总设计师亚历山大·列曼斯基称,无论是就作战区域、杀伤效果,还是杀伤目标的多样性来说,与 S-300 和"爱国者"系列相比,S-400 具有更大的战术技术优势,主要表现在以下 6 个方面:

(1) 射程远。S-400 是当今世界射程最远的防空导弹,可在 400 千米范围内发现并摧毁目前世界上任

S-400远程相控阵搜索雷达

何一种进攻性目标,最大射程比美国的"爱国者"-3超出一倍。

(2)动力系统先进。S-400使用性能更优的固体火箭发动机,推力大,可使导弹获得极高的加速度和飞行速度。

(3)应变快捷。在接到作战命令5分钟后,S-400便可进入战斗状态,而美国的"爱国者"的准备时间则达25分钟。S-400仍沿用S-300的垂直发射方式，发射时先利用压力将导弹弹出，上升 20 多米后在空中启动发动机。这种发射方式不仅更为安全，具有全方位拦截目标的能力，而且大大缩短了再次发射的时间，比西方同类产品快 6～7 倍。

（4）可打击多种目标。S-400 在设计时便考虑到了多用途性能，既可以摧毁现役的空袭兵器，也可用于打击未来的空中进攻目标，包括战术和战略航空兵的飞机、巡航导弹、隐身飞机、预警飞机等。该系统具有较高的反弹道导弹能力，可对速度为 4.8 千米/秒、射程在 3500 千米内的弹道导弹的弹头实施拦截。

（5）可使用多种型号导弹。S-400 系统所使用的导弹，由"火炬"设计局担当主设计单位。导弹系统总设计师弗拉基米尔·斯韦特洛夫称，S-400 是世界上第一种可有选择地使用数种型号导弹的防空系统。该系统可控制 18 枚导弹，能同时发射数种攻击距离不同的导弹，可在有效射程内建立梯次配置的多层次防御。

（6）自动化程度高。S-400 具有超强的识别力和判断力，导弹在飞临攻击目标之前能自动识别敌我，可跟踪不断变化航线的目标，同时对付 6 个不同方向的目标。

俄罗斯前空军总司令科尔努科夫在接受一家大报记者采访时，曾不无得意地说："'凯旋'属四代半武器。在最近 20 甚至 25 年内，俄罗斯的'凯旋'系列导弹将无人能超越。"美国和北约的军事指挥官及技术专家们不得不承认，"凯旋"为俄罗斯打开了通向新世纪的突破口，同时也成为北约短期内难以消除的一块"心病"。

然而，S-400成本造价很高，每套系统价格6000～7000万美元。有关方面称，S-400不仅装备在俄罗斯空军，也准备将其推向国际市场，在占领远程防空导弹系统市场的同时，也可为俄罗斯带来可观的外汇收入。

2018年5月，俄罗斯军方成功完成S-500（绰号"普罗米修斯"）的第一次实弹试验，并于2022年6月开始交付部队。S-500被称为俄罗斯最先进的空天防御系统，最大射程接近600千米，弹头飞行速度能达到马赫数8～10，能满足防空、反导、反卫星等多种作战需求，实现空天一体化防御。

俄罗斯 S-500 防空导弹

各有千秋——以色列、欧洲、中国的防空导弹

20世纪90年代中期,世界上拥有中程弹道导弹的国家为12个,拥有近程弹道导弹的国家近40个。面对战术弹道导弹技术的扩散和在地区冲突中频繁使用的现实,越来越多的国家不得不考虑本国可能面临的战区弹道导弹威胁以及相应的对策。美国的"爱国者"、俄罗斯的S-300已成为国际军火市场的热门货。还有些国家试图独立或合作研制新型反弹道导弹武器系统。以色列在海湾战争期间曾受到伊拉克39枚"飞毛腿"导弹的袭击,因此迫切希望建立战区导弹防御系统。在美国支持下,以色列研制成功"箭"-2反导防空系统,于1995年7月30日进行了反战术弹道导弹的首次飞行试验,1999年1月1日的拦截弹道导弹试验获得成功。

"箭"-2采用多联装桶式发射装置,装有6枚拦截导弹,导弹发射升空后以马赫数9高速飞行,射程超过100千米,最大拦截高度达50千米。这意味着"箭"-2可在同温层拦截并击毁来袭的中程和短程弹道导弹,并将敌方导弹坠毁碎片造成的危害减至最低。"箭"-2反导防空系统配置的"绿松"雷达,能够在480千米以外发现目标,并能同时跟踪和指挥拦截14枚来袭的"飞毛腿"导弹。2000年3月14日,以色列国防部宣布,将在境内正式开始部署第一个"箭"-2导弹连。当天下午,在特拉维夫以南的帕尔马奇姆空军导弹试验基地举行的一个仪式上,以色列

飞机制造公司象征性地将第1套"箭"-2反导防空系统交给空军。第2个"箭"-2导弹连也已经完成部署，阵地设在以色列北部哈德拉市附近，随后又组建了第3连。2002年7月，以色列空军又为"箭"-2反导防空系统新配置了一种自制的指挥与控制系统，该系统能发现和跟踪伊朗及叙利亚发射导弹的情况，并能计算出它们的飞行轨迹、发射地点和攻击目标，为空军提供长达7分钟的预警时间。此前，以色列主要依靠美国预警卫星获得弹道导弹攻击情报，预警时间只有4分钟，海湾战争期间"爱国者"导弹的预警时间还不到3分钟。

在以色列面积不大的国土上，3个"箭"-2导弹连部署完毕后，即可形成覆盖全国的导弹防御系统。以色列抢在美国的前面，成为世界上第一个拥有国家导弹防御系统（NMD）的国家。

"箭"-2反导防空系统的研究开发和部署经费超过20亿美元，美国负担了其中的一半。每枚"箭"-2导弹的造价约300万美元，至2003年年初，库存量还远远不能满足实战需要。在联合国对伊拉克进行武器核查、美国大规模向海湾增兵、第二次海湾战争可能爆发之际，美国波音公司与以色列军方合作，加快这种拦截弹的生产。以色列陆军参谋长亚龙将军答记者问时称："我们今天的情况比12年前好了许多，以色列可能是世界上面对导弹威胁防范最好的国家之一。""飞毛腿"要袭击以色列，必须穿过两道关：一是使用"箭"-2反导防空系统的高空防御；二是使用"爱国者"导弹系统的低空防御。

以色列"箭"-3防空导弹

  2015年12月10日,以色列"箭"-3导弹防御系统测试取得成功,2018年1月正式服役。"箭"-3主要用于大气层外拦截洲际导弹,特别是携带核弹头和生化弹头的导弹。"箭"-3采用类似美国萨德导弹的动能撞击杀伤器和性能更优的X波段雷达,最大射程可达250千米,最大拦截高度增至100千米以上。由于其尺寸较小,"箭"-3可舰载部署。

  英、法、德、意等国试图通过合作,研制开发自身的新型反导系统。法国、意大利合作开发的"紫苑"-30区域防空导弹,于1994年试射成功,于2001年由英、法、德、意四国联合组建的欧洲导弹集团共同研发并投入使用,成为欧洲最重要的防空系统。该系统可部署于军舰或地面移动车辆上，采用垂直发射系统，导弹助推器可在 3.5 秒内将弹体加速到马赫数 4.5，最大射程为 120 千米，最大射高 20 千米。"紫苑"-30 采用中段惯性制导加数据上链和末端主动雷达制导，导弹会以最佳弹道和中途修正方式飞向目标。该系统地面覆盖可达 360°，进行多个目标打击任务时，最多可拦截 10 个目标。

在远程防空和反导系统方面，中国也取得了可喜的成绩。在 2009 年国庆大阅兵的行列里，红旗 9 防

"紫苑"-30 区域防空导弹

中国红旗 9 防空导弹

空导弹方队格外引人注目，主要战术技术性能与俄罗斯 S-300 相近。在 2012 年的珠海国际航空航天博览会上，先进的远程防空导弹武器系统——FD-2000（红旗 9 的出口型）公开亮相。说明牌上介绍了该系统的几个技术特点：采用主动雷达寻的复合制导体制，垂直发射，速度快；采用相控阵制导雷达，多目标能力强；抗干扰能力优异。它可全天候拦截各类飞机、精确制导武器，具有反弹道导弹能力。2013 年 9 月 26 日，土耳其国防部长耶尔马兹宣布，中国的 FD-2000 系统赢得土耳其远程防空导弹系统的采购招标，包括雷达、发射器和拦截导弹。战胜的竞争对手包括世界顶尖的几种远程防空系统，如美国的"爱国者"-3、俄罗斯的"安泰"-2500、欧洲的"紫苑"-30 等。因土耳其是北约成员国，以美国为首的北约对此

FD-2000 远程防空导弹武器系统

结果极为不爽,警告土耳其不要购买中国的防空系统。这无疑表明,中国第一种自主研制的区域防空导弹达到了世界先进水平。

士兵手中的神箭 —— 便携式防空导弹

1979年12月，苏联出动10万大军，以突然袭击的方式，发动了对阿富汗的武装入侵。凭借优势装备等有利条件，12月27日夜，苏军第105空降师仅用3个半小时就占领了阿富汗总统府，控制了阿富汗首都喀布尔市。随后，苏军多路出击，攻占各主要城镇和交通要道，在1周之内完成了对阿富汗的军事占领。1980年1月10日，阿富汗成立了以卡尔迈勒为总理的亲苏政府。

然而，阿富汗人民不畏强敌，与苏军展开了旷日持久的游击战争。联合国大会以绝对多数，先后6次通过谴责苏联侵略阿富汗、要求苏联撤军的决议。为支持阿富汗抵抗力量，美国给阿富汗游击队运去了大批武器装备。其中，最受游击队员欢迎的便是美国的"毒刺"便携式地空导弹。

苏军对阿富汗南部和中部山区的游击队基地进行了一次又一次"清剿"。因其机械化部队在地形复杂的山区行动十分困难，因此苏军特别重视使用直升机进行反游击战。在地面部队难以进入的深山峡谷，全靠武装直升机打头阵。起初，阿富汗游击队主要用高射机枪、火箭筒在谷地两侧高地实施伏击，但命中率不高。

自从美军的"毒刺"导弹进入阿富汗，苏军的直升机便厄运降临。这种导弹由单兵携带，随时随地可对空中目标进行射击，特别适宜山地林区防空作战。阿富汗游击队从1986年10月开始使用"毒刺"，共

美国"毒刺"防空导弹

发射340枚导弹，击落苏军和卡尔迈勒政府军飞机269架，给苏军带来了巨大的灾难。这成为促使苏联领导人戈尔巴乔夫于1988年2月8日发表从阿富汗撤军声明的重要因素之一。当然，苏联从阿富汗撤军的原因是多方面的，但综观世界战争史，防空导弹对战争结局发挥如此显著作用的情况，也是十分罕见的。

"毒刺"（Stinger），亦称"尾刺"，是美国第二代单兵肩射近程防空导弹，1968年开始论证方案，1972年小批量生产，1981年装备美国陆军和海军陆战队。这种导弹从"孕育"到"出生"，经历了10余年时间。总承包商为美国通用动力公司的波莫纳分公司，用于研制、试验和鉴定的经费为 2.147 亿美元。每枚导弹价格约 6 万美元（1983 财年），出口到北约组织成员国、日本、韩国和中东等地区。

20 世纪 60 年代，美军装备了一种称为"红眼睛"（Redeye）的单兵便携式防空导弹，主要对付低空、超低空飞机和直升机。这种武器结构简单，由导弹和发射筒两部分组成，总重量约 12 千克，士兵的肩膀就是发射架，携带方便，操作灵活，反应时间短，机动性好，可有效打击射程 3500 米以内、高度 1500 米之下的飞行目标。"红眼睛"的缺点是飞行速度不够快（马赫数 1.7），战斗部威力较小（装烈性炸药 0.5 千克），没有敌我识别装置和夜战装置，只能以尾追方式攻击。"红眼睛"导弹系统自 1959 年开始研制，到 1964 年问世，耗资 5600 万美元。

与"红眼睛"相比，"毒刺"主要有 4 项重大改进：一是提高了导弹飞行速度、射高和射程，最大速度达马赫数 2，射程为 500～5600 米，最大射高 4800 米；二是采用先进的 POST 导引头，有红外和紫外两个工作波段，使导弹具有全向攻击能力和抗红外干扰能力；三是研制了一种轻型多管发射装置（MUSL），配有光学和红外跟踪器，能在夜间和恶劣气候条件下发射导弹；四是增装了"敌我识别器"，可自动识别敌方和己方的飞机。"毒刺"问世以来，美国陆军不断地增强和扩大它的作战使用性能，成为世界上最先进的单兵防空导弹之一。

在 1991 年的海湾战争中，美国陆军和海军陆战队携带大量配有 RMP（可再编程微处理器）的"毒刺"导弹参战。在陆军部队中，这种导弹以连为建制单位，每连辖4个排，每排有5个发射组，每组2～3人，装备1个发射筒和6枚"毒刺"导弹。全连共拥有120枚"毒刺"地空导弹。在海湾战场，"毒刺"导弹与"爱国者""霍克""小榭树"地空导弹混合部署，密切协同，组成远中近程、高中低空严密的防空火力网。因伊拉克的空中力量处于绝对劣势，海湾战争中没有出现对抗性的空战，伊拉克作战飞机也难以去偷袭多国部队的阵地。实际上，面对如此严密的防空弹幕，伊拉克飞机必然是凶多吉少。

在1995至1997年间，美军又对"毒刺"导弹做了较大的改进。例如，采用新的焦面排列透镜，使其可在复杂战局中搜寻和跟踪目标，在搜寻距离和目标种类上也有显著提高。目前，美国陆军仍装备有约11500枚便携式"毒刺"导弹。此外，"毒刺"导弹还大量改型，用于车载"复仇者"导弹防御系统、OH-58D直升机和M6步兵战车导弹防御系统中。

到2001年美国在阿富汗发动打击恐怖主义的"正义行动"战争时，此前美国提供给阿富汗游击队的大约500套"毒刺"导弹，仍有不少分散在阿富汗各派武装手里。美国军方认为，阿富汗人手中的"毒刺"导弹增大了美军在阿富汗作战的风险，必须先把残存的导弹买回来，然后再销毁。2002年年初，美国军方以每套15万美元的高价，从坎大哈郊区阿富汗游击队战地指挥官手中收购了5套"毒刺"导弹装置，双方对这个成交价格都很"满意"。

2022年2月俄罗斯对乌克兰发动大规模进攻后，

被乌克兰便携式防空导弹击落的俄罗斯武装直升机

美国、英国、法国、德国等北约国家向乌克兰提供大量"毒刺"等便携式防空导弹。俄罗斯空天军多架直升机、战斗机被乌克兰军队使用的便携式防空导弹击落。由于精确制导炸弹昂贵，加之俄罗斯缺乏足够多的精确制导炸弹，俄罗斯军队携带普通航空炸弹的战斗机为提高命中目标概率，采用低空突袭轰炸，降低飞行高度，这样就给乌克兰军队的便携式防空导弹提供了打击机会。

据媒体报道，截至2023年1月，英国向乌克兰提供了1000枚"星光"导弹。"星光"属第三代便携式防空导弹，最大射程达到7000米，最大飞行速度达到4倍声速，是目前世界上飞行速度最快的便携式防空导弹。其战斗部由3枚钨合金子弹组成，每枚子

英国"星光"三联装便携式防空导弹

弹都安装有延时碰炸引信,除了能打击各种低空飞行的战斗机和直升机外,还能够攻入地面目标的内部再爆炸。与目前大部分便携式防空导弹采用红外制导方式不同,考虑到打击现代战斗机和直升机仅靠红外制导很难跟踪和锁定,"星光"使用激光驾束制导,可防止被战斗机发射的红外诱饵弹和无线电干扰装置欺骗干扰。该导弹不仅能从陆地发射,还能从海上和空中发射。

在苏联的武库中,也有多种单兵肩射式防空导弹,早期的主要是萨姆-7(SA-7)和萨姆-14(SA-14),它们的结构、性能与美国的"红眼睛"和"毒刺"十分相似。据内幕消息,这里有苏联克格勃的功劳。在中东和西欧活动的苏联间谍，曾成功地窃得了美国导弹的技术秘密，而后进行仿制。

目前，在世界便携式防空导弹市场中，美国的"毒刺"因价格和性能上的优势，产量和销量仍居首位。法国的"西北风"、英国的"星光"、瑞典的RBS、日本的91式便携防空导弹，也占有一定的市场份额。俄罗斯的几种导弹（SA-14之后又有SA-16、SA-18、SA-24）在性能和价格上有优势，是美国"毒刺"的主要竞争对手。

中国也研制有"红缨""前卫"等多种便携式防空导弹，用于装备部队和出口。

中国"前卫"-2便携式防空导弹

空中突击——空地导弹

空地导弹是一类从航空器上发射，攻击地（水）面目标的导弹，亦称空面导弹，包括空舰导弹、反辐射导弹，与航空炸弹、航空火箭弹等武器相比，空地导弹具有较高的目标毁伤概率，能从敌方防空武器射程以外发射，可减少地面防空火力对载机的威胁。1943年8月，德国空军装备世界第一种实战化的空舰导弹——Hs-293A-1，并用它击沉了美国"白鹭"号护卫舰。20世纪50年代后，空地导弹有了迅速发展，美、英、法、苏等国研制和装备了数十种空地导弹，在越南战争、两伊战争、海湾战争和最近的俄乌战争等局部战争中大量使用，战绩辉煌。

"撒野"中东 —— 海湾战争中的"幼畜"

海湾战争中，美国空军、海军作战飞机使用的空地导弹主要是"幼畜"（Maverick，亦译为"小牛"）系列，发射了大约 3000 枚，命中率在 90% 以上。

"幼畜" AGM-65 问世于 20 世纪 60 年代中期，由美国休斯飞机公司研制，1972 年正式装备美军。此时已是越南战争后期，"幼畜"很快替代了"小斗犬"空地导弹，成为美军飞行员的"新宠"。"小斗犬" AGM-12 是美国第一种战术空地导弹，采用无线电指令制导，发射后需目视跟踪控制 10～20 秒，射程约 16 千米，常常偏离目标 200～300 米，只能在昼间和良好气候条件下使用。"幼畜"的攻击能力大为增强，采用电视制导，最大射程 48 千米，战斗部装有聚能炸药，能有效地打击静止或运动的坚固目标。在一次战斗中，美军 3 架 F-4E "鬼怪"战斗机从越方防空火力范围之外发射 17 枚"幼畜"，有 13

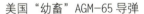

美国"幼畜" AGM-65 导弹

枚命中并摧毁了目标。

在1973年的第四次中东战争中，美国向以色列提供了大量新式武器和技术装备，其中就有美军刚刚开始使用的空地导弹"幼畜"，对以色列军队扭转战场被动局面发挥了重要作用。每架F-4"鬼怪"战斗机携带6枚"幼畜"，在40千米之外向埃及和叙利亚炮兵、导弹阵地、坦克部队实施攻击，命中率达88%。据称，以色列空军从飞机上发射58枚"幼畜"，击毁了埃、叙两国军队的52辆坦克。

在海湾战争中，在陆战展开前10天，由美国空军F-15E、F-16C/D战机和A-10攻击机，美国海军和海军陆战队F/A18、AV-8B战机和A-6E攻击机，每天不分昼夜出动上千架次，对部署在科威特境内及伊拉克南方的伊拉克装甲部队、掩体工事进行空中扫荡，当时美机使用空地导弹大都是"幼畜"AGM-65导弹，使"幼畜"声名大噪。"幼畜"导弹以精准的命中率和致命的破坏力，彻底瓦解伊拉克庞大装甲部队的战力，使后续登场的海湾陆战得以迅速收场。

"幼畜"有多种制导方式，AGM-65A/B为电视制导型，AGM-65D/G为红外制导型，AGM-65C/E为激光制导型，AGM-65F为红外线制导反舰型。该导弹装有136千克重的高爆弹头，可有效对付坦克、装甲车、掩体、跑道和船舰等目标。"幼畜"导弹造价较低，行销全世界的美制各型"幼畜"导弹数以万枚。在海湾战争中，美军飞机共发射5296枚"幼畜"空地导弹，4712枚击中目标。在一次夜间行动中，"幼畜"一批次就击中伊拉克24辆坦克，堪称"坦克杀手"。

"百步穿杨"——"斯拉姆"两弹穿一洞

海湾战争中,美军还使用了一种更加先进的中程空地导弹——"斯拉姆"(SLAM)。当时,这种由麦道公司研制的导弹尚在试验过程中,举世瞩目的高技术战争给它带来了一个大显身手的机会。美国海军将领认为,"战场是新式武器最好的试验场"。

1991年1月下旬,美国海军航空兵接受了一项任务:摧毁伊拉克幼发拉底河上的一座大型水电站。

接到命令的第二天,从美国"肯尼迪"号航空母舰上起飞了1架A-6E和1架A-7E攻击机,它们携载的是刚从美国运来不久的"斯拉姆"导弹。在距目标约100千米处,1架A-6E"入侵者"攻击机首先发射了1枚"斯拉姆"导弹,将厚实坚固的水电站外围护墙炸开了1个洞。2分钟后,附近的A-7E"海盗"攻击机发射出另1枚"斯拉姆",从第1枚导弹打开的墙洞穿过,进入电站内部爆炸,彻底摧毁了水力发电站的内部设备。

传说古代的神箭手有"百步穿杨"之功,而现代的空地导弹则可在几十千米、上百千米之外一举击中目标。飞机在重点设防的敌火力圈外发射,既能保证飞行员和飞机的安全,又能对点状目标进行高精度攻击,彰显了以"斯拉姆"为代表的新一代空地导弹的神威。

"斯拉姆"编号为AGM-84E,也称"防区外对地攻击导弹",是应美国海军要求,从1985年开始研制

美国空射"斯拉姆"AGM-84E导弹

的。此前，美国在空袭利比亚和黎巴嫩的军事行动中，曾被对方防空武器击落3架飞机。美国海军部长提出，要尽快研制一种能在敌人防区外发射的导弹。

为抢时间和降低成本，麦道公司就在"捕鱼叉"空舰导弹的基础上进行改型，但也花了3年时间，耗资6000万美元，终于推出了令军方满意的"斯拉姆"导弹。1989年6月24日，美国海军在太平洋导弹试验中心靶场进行了首次发射，获得成功。按计划，该导弹还需进行一系列战术技术试验，适逢海湾战争爆发，便将战场作为试验场，并创造了令世人瞠目的"两弹穿一洞"战例。

"斯拉姆"导弹长4.49米，弹径344毫米，翼展914毫米，发射重量612千克，射程100千米。战斗部重约230千克，内装90千克烈性炸药，壳体前端为穿甲头部，能穿透一定厚度的装甲。其制导与控制系统采用了全球卫星定位系统接收机，配有先进的红外成像寻的导引头，使导弹精度达到1米之内，中段采用惯性制导方式，末段为红外制导。美国人夸口说："斯拉姆"要打你的"眼睛"，就绝不会打在"鼻子"上。

"产品 305"—— 俄罗斯新型空地导弹

2022 年 6 月，俄罗斯在对乌克兰特别军事行动中，派出多架米 -28NM 武装直升机，向乌克兰武装部队的弹药库、燃料库等军事目标发射"产品 305"空地导弹。俄罗斯公布的视频画面显示，导弹最终都击中了仓库正中，显示了良好的精度。这次攻击是俄罗斯在乌克兰战场首次使用新型高精度空地导弹。

"产品 305"空地导弹，全称为"轻型多用途制导导弹"，由著名的莫斯科机械制造设计局研制，2016 年投入批量生产，俄罗斯陆军航空兵大量装备。该弹采用"光学图像导引头 + 自主攻击"的模式，安装有非制冷式红外热成像导引头。该弹发射前可通过直升机装定目标信息，发射后不管，自动打击目标，打击精度在 2 米以内。导弹弹体全长 1.945 米，弹径 0.2 米，弹重 105 千克，采用固体火箭发动机推进，安装有 25 千克的高爆破片战斗部，飞行速度 230 米 / 秒，最大射程 14.5 千米，可在乌克兰装备的"毒刺"便携式防空导弹射程之外发射，有效打击敌方多种陆面或海面目标。

2023 年新年伊始，俄军总参谋长格拉西莫夫大将担任乌克兰特别军事行动的总指挥，改变以往俄罗斯先进战机为寻求低成本作战而大量使用无制导武器空袭地面目标的做法，开始毫不吝惜地使用精确制导武器。苏 -35 多用途战斗机挂载 Kh-59 空地导弹，在乌军防空导弹射程之外打击乌军目标，完成任务后安全返回。

俄罗斯「产品305」空地导弹

Kh-59 空地导弹发展了多个型号。其中，Kh-59MKM 为钻地型，代表了近些年机载空地武器的一个方向，即加强钻地本领，以确保能摧毁硬目标。导弹头部的 4 个小型战斗部，重 40 千克；弹体中部的侵彻战斗部，重 320 千克。这两个战斗部是一个整体，即复合侵彻战斗部，能依靠自身动能侵入目标防护层内，在引信的延迟作用下爆炸。在对硬目标侵彻时，前级的小型战斗部首先会炸一轮，形成金属射流进行预侵彻，形成穿孔、松动、破碎和变形效应，为后面随进的主侵彻战斗部开道，在更接近主体的位置爆炸，达到更好的爆炸效果。

Kh-59MK 为反舰型，装备苏-30MK 等战机。导弹可从 200～11000 米高度发射，最大射程 285 千米，采用主动雷达制导，战斗部为 320 千克的侵彻战斗部。

莫斯科航展上亮相的 Kh-59MKM 空地导弹

Kh-59MK2 则是更先进的隐身导弹，采用电视制导方式，射程可达 115 千米，携带 320 千克的穿甲战斗部或 280 千克的爆破战斗部。

20 世纪 80 年代以来，中国的空地（舰）导弹也发展很快，推出了多种性能优良的新型号。

中国 C611 空地（舰）导弹

中国 C802A 空地（舰）导弹

专挖"眼睛"——反辐射导弹

1963年，美国海军武器中心研制成功"百舌鸟"（Shrike）机载战术导弹，专门用于攻击地面和舰船的雷达系统。这种导弹是利用雷达的电磁辐射进行导引，因此被称为反辐射导弹。

越南战争初期，越南北方由炮瞄雷达控制的85毫米、57毫米高射炮群和雷达制导的苏制萨姆-2地空导弹的命中率相当高，使美军飞机损失惨重。

"关键是要打掉越南的雷达，使他们的防空武器成为'瞎子'。"美国五角大楼的高级官员决定紧急调运刚刚投入批量生产的"百舌鸟"导弹入越，装备海军A-4、A-6攻击机和空军F-105、F-4战斗机。

1965年3月，美军发动"滚雷战役"。2日凌晨，美军数十架飞机扑向越南北方河内附近的邦村上空。这里有一个藏着数千吨弹药的军用仓库，周围是防空导弹阵地。

打头阵的是十几架F-105"雷公"战斗机，每架携带2枚AGM-45A"百舌鸟"导弹。越方苏制萨姆-2地空导弹的雷达系统开机，迅速捕捉、跟踪目标。

在距越方雷达阵地16千米处，1架"雷公"战斗机突然以小角度从2000米高度下滑飞行，顺着萨姆-2导弹制导雷达发射的电波束俯冲，同时发射出1枚"百舌鸟"导弹。导弹沿着雷达波束，以两倍声速飞向制导雷达。其他的"雷公"，也都是如此这般，接连发射十几枚"百舌鸟"。

措手不及的越方雷达被炸得天翻地覆，地空导弹部队被"挖去了眼睛",顿时变成"盲人瞎马"。紧接着,20 余架轰炸机如入无人之境,对邦村仓库肆意轰炸,数千吨炸弹被引爆,仓库成了一片废墟。

此后,"百舌鸟"在越南战场频频得手,名声大振。它的最大射程 45 千米,有效射程 18 千米,发射高度 1.5～10 千米,成为美军压制越方防空武器的"撒手锏"。

据美军统计,在未使用"百舌鸟"导弹之前,越军击落 1 架美国飞机需 17.6 枚导弹;使用"百舌鸟"导弹后,越军发射 107 枚导弹才能击落 1 架美国飞机。

不过,"百舌鸟"导弹的弱点很快在实战中显露

携载"百舌鸟"导弹的美国"鬼怪"战斗机

出来：自动导引头只能对准一个频率；没有记忆能力，对方关闭雷达便被甩掉；飞行距离短，运载飞机须进入对方防空火力杀伤区。

针对"百舌鸟"的弱点，中国援越高炮部队创造了一种对付美国新式武器的专用战术，十分有效。

1967年3月11日下午，美军4批16架F-105"雷公"战斗轰炸机，分4路向中国援越高炮部队第62支队的阵地发起攻击。F-105首先向阵地上的炮瞄雷达发射了3枚"百舌鸟"导弹。

手疾眼快的雷达操纵手立即关机。"百舌鸟"是靠跟踪对方雷达的电磁辐射，以"顺藤摸瓜"的手段进行攻击的。一旦雷达关机、摆头或改变频率，它就变成了一只"瞎鸟"。失去目标的美军3枚"百舌鸟"导弹，分别在中国援越高炮部队阵地千米之外处爆炸。第62支队的高射炮用光学瞄准设备迅速捕捉低空临近的美军F-105，连续集火射击，一举击落5架。

在实战中，越军也掌握了多种对付"百舌鸟"的办法。例如，大幅度甩摆雷达天线，不断改变电波束方向；改变雷达工作频率；缩短雷达跟踪时间，在发射导弹前几秒钟才打开制导雷达，使敌机来不及发射"百舌鸟"。

尽管"百舌鸟"导弹的命中率降至10%以下，甚至发射100枚仅6枚命中目标，但美国军事专家仍然认为必须继续使用这种武器，因为它可以迫使地面的防空部队关闭雷达，从而大大降低防空兵器的效力。同时，美军组建了F-4G"野鼬鼠"电子战中队，干扰地空导弹的雷达系统。"百舌鸟"的改进与生产一直持续到 1981 年，共生产了 24000 多枚，除大量装备美国海、空军外，还向以色列、英国等国出口。

为克服"百舌鸟"的缺陷，美国在对"百舌鸟"改进改型的同时，在"标准"舰空导弹的基础上，于 1966 年研制出第二代反辐射导弹 AGM-78"标准"。AGM-78"标准"最大射程增至 56 千米，最大速度达马赫数 M2.5，动力装置为一台双推力固体火箭发动机。

AGM-78"标准"反辐射导弹采用宽频带导引头，并增加了自动微调和辐射记录装置。如果对方雷达变动频率，导弹也随之调整；如果对方雷达关机，辐射记录仪则能根据雷达辐射准确记录其角度坐标的位置。这种"记忆装置"，是导弹技术上的一大突破。"标准"反辐射导弹的性能虽有显著提高，但其结构复杂，造价太高，约为"百舌鸟"的 5 倍。弹体也很笨重，是"百舌鸟"的 2 倍，使用效果并不理想，于 1976 年停产。

进入 20 世纪 80 年代后，许多高新技术应用于反辐射导弹的研制之中，催生出性能更好的第三代反辐射导弹，其中的佼佼者有美国的 AGM-88"哈姆"，英国的"阿拉姆"，法国的"阿玛特"，俄罗斯的 AS-11、AS-17 等。

"哈姆"反辐射导弹由美国海军和空军联合研制，1976 年首次飞行试验，1981 年投产，1984 年首先装备在美国海军"小鹰"号航空母舰的 A-7E 攻击机上。AGM-88"哈姆"在射程、速度、命中率和威力等方面均有很大改善，特别是其识别和记忆装置更为先进，只要敌方雷达开过机，即可记住其方位、距离，

"哈姆"反辐射导弹

哪怕这部雷达永不再开机,也照样能找到并击中它。

"哈姆"的导引头工作频带很宽,在 0.8~20 吉赫之间,并可扩展到 0.1~40 吉赫,覆盖了各国绝大多数地面雷达的工作频段。它的接收机灵敏度极高,能从目标的任意方向寻的,既能截获脉冲信号,又能截获连续波信号。导弹采用被动雷达寻的与捷联惯性制导的复合制导方式,提高了抗关机、抗干扰能力。弹上大量采用先进的微波单片集成电路,增加了可靠性。导弹由无烟发动机推进,减小了红外特征信号。

1986 年 3 月,美军对利比亚发动名为"草原烈火"的空袭行动,"哈姆"反辐射导弹首次在现代局部战争中显示威力。2 架 A-7E 舰载机携载"哈姆",从航空母舰起飞,直奔利比亚锡尔特城的萨姆-5(SA-5)防空导弹阵地。在距目标 64 千米处,飞行员按动电钮，2枚"哈姆"以3倍声速高速飞向利比亚的一个地空导弹雷达站，当即将其摧毁。

该雷达站指挥官曾受到如何对付反辐射导弹的训练，他立即通知附近的另一个雷达站关机。

可关机没多久，一枚"哈姆"凭着记忆找到了目标，准确地命中了这个雷达站。利比亚的地空导弹失去了"眼睛"，20年前对付"百舌鸟"的绝招儿不灵了。

同年4月的"黄金峡谷"行动中，美军又用"哈姆"导弹摧毁了利比亚防空部队的5座雷达站，保证了空袭行动的成功。

在1991年的海湾战争中，"哈姆"反辐射导弹再显神威。"沙漠风暴"空袭开始前5小时，数十架美军飞机携载"哈姆"反辐射导弹，彻底摧毁了巴格达地区的伊军雷达网。以美军为首的多国部队共发射了600多枚反辐射导弹，使伊拉克防空系统遭受毁灭性打击。

具有相当实力的伊拉克防空部队，犹如一个身强力壮的拳击手被挖掉了双眼，在与对手交战时便只能被动挨揍。当多国部队数百架飞机飞临巴格达上空时，伊军只有零星的、依靠人工操作的高炮部队开火还击。

为进一步提高"哈姆"反辐射导弹摧毁现代雷达的能力，美国军方又对"哈姆"进行了现代化改进，推出AGM-88B、AGM-88C和AGM-88D等新型号，主要是扩大导弹导引头的工作频段，加快计算机的运算速度。

美国现役"哈姆"反辐射导弹具有3种作战方式：自卫方式、机遇方式和预定程序方式。其中，

"机遇方式"是以前的反辐射导弹所不具备的。按"机遇方式"作战,在载机的整个飞行过程中,"哈姆"导弹的导引头都处于工作状态。导引头比机载雷达的灵敏度高,可参照存储装置中的各种数据对目标进行探测、定位和识别,并将威胁态势显示给飞行员,以确定首先攻击威胁最大的敌方雷达。

"哈姆"反辐射导弹经过10多年、数次战争中的使用,也暴露出一些弱点。海湾战争后,美国海军制定了"哈姆"的3个改进计划——先进反辐射制导导弹(AARGM)计划、"哈姆"攻击干扰机计划和AGM-88D Block-6 "哈姆"计划。

到2000年3月,AARGM计划已经取得重要进展,首次发射试验获得成功。该计划主要是给"哈姆"装上新的宽带反辐射导引头,新的导引头综合了毫米波导引头和GPS中段制导。未来战争中,雷达系统通常在必要时才短暂开机,大多数时间处于"静默"状态。在1998年12月对伊拉克的"沙漠之狐"行动和1999年3月开始的科索沃战争中,弱小的伊拉克和南联盟就常采用这种方法:在"静默"时,防空系统的雷达采用光学探测设备跟踪目标,在条件成熟时迅速开机,引导地空导弹攻击目标,有效地对抗了反辐射导弹。AARGM的目标就是针对雷达的"静默"和短暂开机。这种新的反辐射导弹可以在目标尚未收集全瞄准数据的情况下提前或及时发射;在导弹飞行末段,毫米波导引头将利用自动目标识别算法,控制导弹攻击地空导弹系统的重要部位,如指挥车,而不再像以前那样仅攻击容易被修复的发射天线。

在波黑战争中，塞族部队常在居民区部署机动的地空导弹连，北约飞机用"哈姆"反辐射导弹攻击其雷达站时，雷达常常突然关机，导弹极易误伤平民。针对此类情况，美国海军和德国、意大利联合实施 AGM-88D Block-6"哈姆"计划，主要是更新"哈姆"的 GPS 系统，进一步提高制导的精确性。此计划将赋予导弹这样一种导航能力：利用 GPS 制导，导弹可以在飞行之前或飞行过程中进行编程，以便向一组特定的坐标发起攻击；如果辐射源关机，导弹也不会飞出预设坐标的方框之外，这样可使附带损伤降到最低限度。AGM-88D Block-6"哈姆"计划完成后，"哈姆"导弹将挂载到 F/A-18、EA-6B，以及德国、意大利的"狂风"战斗机上。

俄罗斯研制的机载 AS-11 导弹，是世界上第一种可打击相控阵雷达的反辐射导弹，射程 10～100 千米，最大射程 160 千米，发射高度 0.1～10 千米。其改进型 AS-17 的最大射程增至 200 千米，且配有

俄罗斯 AS-17 反辐射导弹

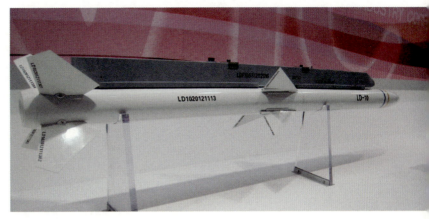

中国 LD-10 反辐射导弹

多种导引头，不仅能从空中攻击地面的"爱国者"导弹系统的相控阵雷达，还能攻击运动中的机载雷达，如空中预警机。

英国的"阿拉姆"导弹曾配合美国的"哈姆"导弹，在海湾战争中初露锋芒，给予伊拉克防空系统沉重打击。"阿拉姆"于1987年装备英军。它采用先进的控制技术，在高空、低空都能发射，具有"发射后不管"能力。

反辐射导弹在一次又一次实战中的卓越战绩，确立了其在高技术兵器库中的一席之地。在未来战争中，制电磁权将如同制空权、制海权一样重要，反辐射导弹的研制、使用和发展亦受到各国军方关注。目前，它正向着增强抗干扰能力，提高导引头性能，增大射程、速度、威力和多种电磁辐射源的方向发展。在未来电子对抗作战中，反辐射导弹将成为对付陆、海、空各种配有雷达的军事目标的主要武器之一。

21世纪初，中国成功研制出 LD-10 等反辐射导弹。

空战利器——空空导弹

空空导弹是从飞行器上发射,攻击空中目标的导弹,是战斗机的主要武器,战斗轰炸机、攻击机、直升机、加油机、预警机等军用飞机也可将其作为空战武器或自卫武器。1944年4月,德国首先研制成功X-4型有线制导空空导弹,但未来得及投入使用,德国即宣告战败。战后,空空导弹技术迅速发展,于20世纪50年代中期开始装备部队,形成第一代空空导弹家族,主要有美国的"响尾蛇"AIM-9B、苏联的AA-1,只能对机动性能比较差的亚声速轰炸机实施尾追攻击，射程2～6千米。此后，空空导弹又发展了第二、第三、第四代，性能和可靠性得以大幅提高，并逐渐在战争中显威。1973年第四次中东战争，阿拉伯国家在空战中被击落的飞机331架，其中81%是被空空导弹击落的。海湾战争前后的新军事变革中，空空导弹在远程全方向、全高度、全天候拦射和近程格斗性能方面都得到了很大提升，在空战中的地位愈发重要。

仿生学杰作——"响尾蛇"导弹

在南美洲的原始森林里，活跃着一种称为响尾蛇的毒蛇。它的视力很差，却能在茫茫的黑夜里捕食机灵的田鼠等小动物。科学家们经过研究发现，田鼠和一些小动物身上会辐射一定的热量，会发出一种人眼不见的光线，即波长为 0.01 毫米的红外线。而响尾蛇的颊部两侧各有一个称为颊窝的凹窝，内有一层非常薄的膜，仅 1/40 毫米，薄膜上分布着 5 对神经细胞末梢，如同无线电的热敏元件，是响尾蛇感觉温热的器官。颊窝结构非常精巧，对外界温热变化感受的灵敏度非常高，特别是对波长为 0.01 毫米的红外能量反应最灵敏、最强烈。田鼠等一些小动物出现时，响尾蛇不仅能感受到周围气温的细微变化，而且还能准确判断发出热量的那个动物的方向位置，并一举将其捕获。

美国导弹专家由此受到启示，经过多年研究，模仿响尾蛇颊窝的功能，制造出"响尾蛇"（Sidewinder）导弹。这种导弹采用红外自动跟踪制导系统，对热度极端敏感，发射后专门寻找追踪喷气机尾喷管及飞机机身辐射的红外热源，直到击中目标为止。

"响尾蛇"空空导弹是美国人发明的，但世界上首次使用"响尾蛇"空空导弹的空战，却发生在中国台湾海峡两岸的军队之间。

从 1958 年 8 月 23 日起，中国人民解放军对国民党军盘踞的金门岛进行了大规模炮击，并配合以适当规模的海、空军作战，海峡两岸局势异常紧张。

9月24日，国民党空军在连续遭受打击的情况下，为争夺制空权发动了自台湾海峡局势紧张以来规模最大的一次空中攻势，出动F-86战斗机126架次，RF-84侦察机14架次，对北起浙江温州，南至汕头沿海的解放军海、空军基地强行侦察，并伺机进入大陆上空寻机空战。

此前，蒋介石召集空军将领进行了精心策划，决定使用不久前从美国进口的"响尾蛇"空空导弹。当时，国民党空军只有少量F-86战斗机装备有"响尾蛇"。

进入温州地区上空的国民党空军机群，遭到解放军驻浙江海军航空兵部队的截击。海航第2师飞行员王自重驾驶米格-17战斗机，接连击落两架F-86飞机。正当他准备撤出战斗时，1枚"响尾蛇"空空导弹从尾后追来。王自重来不及规避，他驾驶的米格-17飞机被击毁。

国民党空军的F-86飞机是在两机相距约5000米处发射的导弹，而米格-17战斗机上的航炮有效射程只有2000米左右。战前，解放军航空兵对国民党空军使用"响尾蛇"导弹毫无察觉，飞行员对如何对付装备空空导弹的飞机没有任何准备。空空导弹首次用于实战并取得战果，引起世界许多国家军方的关注。"响尾蛇"导弹的诞生地——美国海军武器中心的科研人员，自然显得格外兴奋。

当天，国民党空军发射了5枚"响尾蛇"导弹，其中1枚坠地而未爆炸，被当地军民捡拾。

国民党空军使用的"响尾蛇"导弹，代号为AIM-9B，是美国海军武器中心研制的第一代空空导

坠地后未爆炸的"响尾蛇"AIM-9B导弹

弹。"响尾蛇"导弹原型为 AIM-9A，1953 年首次发射试验成功。美军从 1956 年 7 月开始装备"响尾蛇"AIM-9B 空空导弹。这种导弹生产量约 8 万枚，装备 F-4、F-8、F-86、F-100、F-104、F-105 等战斗机，主承包商为福特航宇通信公司。

"响尾蛇"AIM-9 是世界上第一种采用被动式红外制导的空空导弹。早期型号的设计指导思想，主要是为战斗机装备一种攻击轰炸机的武器。当时的轰炸机速度虽比战斗机慢，但都有与战斗机一样的航炮等自卫武器。战斗机装备空空导弹后，就可在航炮射程之外抢先对轰炸机发动攻击。AIM-9B 的最大射程为 11 千米，发射距离 1000～7600 米，使用高度 15000 米以下，飞行速度为马赫数 2。

结构简单是"响尾蛇"AIM-9B 空空导弹的主要特点：可卸部件不超过 24 件，使用维护十分方便；制导装置体积小，仅相当于 1 台普通收音机，只有 7

个电子管。因此，其成本很低，批量生产后每枚导弹成本约 3000 美元。它的战斗部重 11.4 千克，破片数约 7000 块，破片飞散角 $10°\sim 16°$，有效杀伤半径 $10\sim 11$ 米。缺点是只能从目标尾部攻击，受气象及阳光背景影响较大，太阳盲区约 $20°$。

在越南战争初期，美国海军 F-4 战斗机携带"响尾蛇"AIM-9B，与越军苏制米格-19 等飞机空战，发射了几十枚导弹，但极少有命中的。专为攻击亚声速轰炸机而设计的 AIM-9B，在与超声速战斗机格斗中显得力不从心。

实战对空空导弹的发展提出了新的要求：必须扩大攻击范围，能从目标的任何方向实施攻击，同时应有更快的速度、更远的射程，既能对付亚声速、超声速轰炸机，也能用于战斗机之间的空战。

第二代"响尾蛇"于 20 世纪 60 年代中期开始

挂在战斗机翼尖上的"响尾蛇"AIM-9B 空空导弹

装备美军，海军研制的型号为 AIM-9C、AIM-9D、AIM-9G、AIM-9H，空军发展的型号为 AIM-9E、AIM-9J。AIM-9F 是由联邦德国在 AIM-9B 的基础上改制的。这批导弹主要改进的是制导部分，提高了导引头的灵敏度、跟踪角速度和阳光背景下的攻击能力（AIM-9F 的太阳盲区减至 5°），战斗性能有显著提高。以 AIM-9D 为例，射程增至 18.53 千米，速度马赫数 2.5，使用高度大于 15 千米。

第二代"响尾蛇"仍采用尾追攻击方式。美军将其投入越南战场使用，导弹命中率仍不理想，仅有 10%～20%。使用第二代空空导弹作战，载机有时处于航向交叉或迎头攻击，相对于目标的速度很大，瞄准时间很短，要求飞行员具有高超的驾驶技术。

以色列空军飞行员以训练有素著称于世，在第四次中东战争中，他们用第二代"响尾蛇"创造了辉煌战绩。

数量上，以色列空军处于劣势，参战飞机 480 架，而埃及、叙利亚等阿拉伯国家的作战飞机达 1050 架。但经过十几次大规模空战，制空权却被以色列夺得。空战中，以色列空军击毁阿拉伯参战国家飞机 300 余架，其中用"响尾蛇"AIM-9D 和"蜻蜓"Ⅱ（以色列在"响尾蛇"AIM-9B 基础上研制，最大射程 18.3 千米，最大使用高度 20 千米）空空导弹击落的约 200 架。而技术素质较差的阿方飞行员，使用苏联提供的 AA-2 等空空导弹，仅击落以方飞机 6 架，双方战损比为 50∶1。

第四次中东战争的空战结果首次向世界昭示：空空导弹正在成为空中格斗的主兵器；空战的主要形

"鬼怪"战斗机携挂第二代"响尾蛇"导弹

式,也从"空中航炮战"演变成"空中导弹战"。

第二代空空导弹的许多性能尚不适应空战的要求,特别是难以对付机动性强的战斗机。20世纪60年代末,美国海军、空军联合研制第三代"响尾蛇"空空导弹。1971年1月,美国雷神公司承担了此项任务。1975年3月,代号为AIM-9L的空空导弹试射成功,因其性能实现了飞跃性进步,被誉为"超级响尾蛇"。

著名的《华盛顿邮报》1977年9月3日曾刊登一篇文章,题目是《从飞机上发射新灵巧导弹可能使空战出现崭新方式》。文中说:"使美国战斗机驾驶员激动的是,这种新'响尾蛇'导弹可以向敌机头部、侧面或尾部开火。它保证能很快击中,而不用过多的机动。这种导弹目前正在投入生产,并且很快将部署在空军和海军的飞机上。新的'响尾蛇'导弹的寻热装置,比目前这种类型导弹灵敏得多。飞机金属外壳的热辐射,足以使它进行追踪。"

文章最后发表评论指出:"像新'响尾蛇'导弹、

巡航导弹这类灵巧武器，可能不仅会使战争的战术发生变化，而且也可能使将来的飞机、坦克和大炮的设计发生变化。专家们预料，将来的飞机不一定非要像今天这样灵活，因为再灵活导弹也能机动地击毁它们。"

1982年发生的英阿马岛战争，为"超级响尾蛇"提供了一个大显身手的机会。

5月1日，南大西洋风急浪高，战云密布。两天前抵达战区的英国特混舰队，正在进行对马岛周围200海里封锁的作战部署。阿根廷空军决定趁英军立足未稳，先来个下马威。十几架"幻影"Ⅲ战斗机、"天鹰"攻击机、"普卡拉"轰炸机从本土起飞，直奔马岛海域。

英国特混舰队发现敌机来袭，急忙从航空母舰上起飞10架挂装AIM-9L导弹的"海鹞"战斗机迎战。"海鹞"发射的"超级响尾蛇"接连击落"天鹰"攻击机和"普卡拉"轰炸机各1架，打退了阿根廷空军的首次空袭。

在马岛之战中，英军"海鹞"共发射了27枚AIM-9L导弹，击落24架阿根廷飞机，命中率达89%。"海鹞"是一种垂直短距起降战斗机，总体作战性能并不比阿根廷空军的法制"幻影"Ⅲ、"超军旗"先进。从数量上看，英军能参与空战的战斗机共有60架，与之对抗的阿方战斗机多达150架，但"超级响尾蛇"却使英军"海鹞"和"鹞"式战斗机如虎添翼，以少胜多，掌握了马岛海域的制空权，为英军夺取马岛战争的最后胜利创造了先决条件。

为适应多种作战条件的需要，雷神公司又推出了

AIM-9L 的改进型 AIM-9M，进一步提高了抗干扰能力，在沙漠地区红外背景下截获目标的能力提高了50%。海湾战争中，沙特阿拉伯空军上尉飞行员夏蒙拉尼于 1991 年 1 月 24 日驾驶美制 F-15 战斗机在空中执勤。他发现伊拉克两架法制"幻影"战斗机，遂发射两枚"响尾蛇"AIM-9M 导弹，当即将伊拉克飞机击落。

"响尾蛇"问世以来，先后有 16 种型号，生产总数超过 20 万枚，装备美军及 40 多个国家的空军，形成了世界上最大的空空导弹系列。各种型号的"响尾蛇"导弹不仅外形相似，而且均具有结构、系统简单的鲜明特色，仅用一种极简单的陀螺舵来稳定导弹的横滚速率。

另外，"响尾蛇"系列空空导弹的成本都相对较低，其中：属第一代的 AIM-9B 单价为 3000 美元；属第二代的 AIM-9H 单价约 3000 美元；属第三代的 AIM-9L 单价约 50000 美元，AIM-9M 单价约 60000 美元。同时，"响尾蛇"导弹还具有体积小、重量轻、可靠性高、使用维护方便、悬挂位置易安排、对载机性能影响小等优点，成为世界上装备和使用最广泛的近程空空导弹。

"响尾蛇"系列空空导弹的缺点主要是射程短（20 千米以内），威力小，尚不能全天候使用。英国、德国等国将共同发展"超级响尾蛇"的后继型，定名"先进近程空空导弹"，英文缩写为 ASRAAM，作为北约国家的标准近程格斗空空导弹，于 20 世纪 90 年代中后期投入使用。

同时，美国雷神公司对"响尾蛇"导弹继续进行改进，于2002年5月向美国国防部交付了新研制的AIM-9X成品导弹。

AIM-9X作为"响尾蛇"导弹的最新改进型，与"响尾蛇"的其他任何型号都不相同。它弹身细长，没有弹翼，只有4个很小的矩形尾翼，采用低阻力、大机动弹体气动外形设计和推力矢量控制技术，是一种全天候使用的红外被动制导导弹，具有极强的机动性能，其最大机动过载可超过

为战机挂载"响尾蛇"AIM-9X导弹

50g。它的抗干扰能力也很强，飞行速度快，可在接近超视距空战中，攻击19千米处的目标。

AIM-9X的有些部件采用了JDAM的一些低价技术，这样就使每枚导弹的单价低于20万美元。同时，该导弹还可以与美军新型"联合头盔提示系统"配合使用，使飞行员发现目标的距离更远，并能及时确认导弹导引头的锁定和首先发射导弹。2005年第一季，已有1000枚AIM-9X交付美国空军和海军。韩国、瑞士、波兰、丹麦、土耳其、芬兰、沙特阿拉伯等国也批量购进雷神公司的AIM-9X"响尾蛇"导弹，以装备从美国进口的战机。

贴身袖箭 —— 中国"霹雳"导弹

20世纪50年代中期,美国、苏联相继研制成功并装备使用空空导弹,机载武器发生重大变革,逐步以航炮为主转为导弹为主。20世纪50年代后期,中国开始发展导弹事业,空空导弹便是发展规划中的重要项目之一。

中国空空导弹是从仿制起步的。1958年下半年,根据有关协议,苏联向中国提供了K-5M(北约代号AA-1)空空导弹的样品和技术资料。由航空工业总局牵头,多个单位的专家和技术人员协作,展开了仿制工作。第331厂被指定为主要承制厂和总设计师单位,朱传千担任总设计师。

在苏联专家指导下,经过一年的努力,第331厂进行了多项技术改造,建成了中国第一条空空导弹试

挂载在歼-8战斗机上的"霹雳"1号空空导弹

制生产线，于 1960 年 3 月仿制出第一枚 K-5M 导弹，命名为"霹雳"1 号。

这种导弹采用雷达波束制导，由无线电控制仪、自动驾驶仪、横滚稳定自动控制和冷气、战斗部和无线电引信、火箭发动机等 5 个舱段组成，最大飞行速度为声速的 2.5 倍，最大射程为 6 千米，作战高度为 2.5～16.5 千米，能全天候使用，主要用于攻击中型轰炸机。

与此同时，由 2 个工兵团、1 个步兵师和空军修建部等单位组成的上万名官兵与工人组成的施工队伍，在西北地区的戈壁滩抓紧修建由机场、指挥所、航区、技术阵地等组成的导弹试验基地，并成立了由空军领导的空空导弹试验部。

1960 年 8 月 13 日，由歼 -6 飞机携挂"霹雳"1 号，在西北靶场进行空空导弹射击，但连续两次双发齐射，都未能命中靶机。此时，中苏关系恶化，苏联撤走全部在华工作的专家，中国技术人员只有靠自己的努力分析失败原因，寻求改进措施，群策群力解决仿制中出现的问题，如活动部件刚性不足、三舱大螺纹变形等。

1963 年 11 月，经过反复改进的空空导弹运进了西北试验基地。技术人员和飞行员进行了各种状态的发射试验，共发射导弹 20 枚，两次对靶机射击，击落拉 -17 型靶机两架。试验结果表明，"霹雳"1 号导弹的命中精度、杀伤效果等主要战术技术指标达到了设计要求。1964 年 4 月，"霹雳"1 号导弹正式定型，并投入批量生产。不久，中国战斗机普遍配备了国产空空导弹（1959年11月曾少量装备从苏联引进的K-5M空空导弹），结束了中国空军主要使用航炮的时代。

在1958年9月24日的温州空战中，国民党空军飞机发射了5枚"响尾蛇"空空导弹，其中1枚坠地而未爆炸，被解放军获得。

国防科委组织空军、国防部五院、中国科学院等单位的专家，对未炸的"响尾蛇"导弹进行分解、试验分析和理论计算，展开代号为55号的研制工作。苏联方面获悉此情况后，立即派专家来中国，查看并索取了"响尾蛇"导弹的部分残骸实物和有关技术资料。不久，苏联便借鉴美国技术，试制成功第一种红外被动寻的制导的空空导弹，命名为K-13（北约代号AA-2），配置在米格-21战斗机上。

1962年，中国从苏联有偿获得米格-21战斗机及K-13导弹的样品和技术资料，开始进行仿制。仿制的飞机为歼-7战斗机，导弹为"霹雳"2号。国防部六院第605所为导弹总设计师单位，何培明担任总设计师。参与承制的工厂有第844厂、248厂、245厂、282厂等，分别承担总体、控制舱、舵机、导引头、发动机、战斗部等部件的制造。

在仿制过程中，设计单位和各工厂集中力量突击难关。对导弹所用的2000多项原材料、元器件与国家标准逐项对照，凡国内已有而性能又符合要求的就选用，国内没有或不符合要求的则统一安排定点试制，实现了原材料和元器件的国产化。

1967年年初，"霹雳"2号相继完成了单元飞行

中国"霹雳"2号空空导弹

试验和全弹综合摸底试验。同年 3 月至 7 月,又在西北空空导弹试验靶场进行定型试验,在各种状态下共发射 19 枚导弹,显示了良好的性能。11 月,国务院特种武器定型委员会批准"霹雳"2 号定型投产。该导弹飞行速度为 2.2 倍声速,综合战斗性能与美国"响尾蛇"AIM-9B 相当。

与"霹雳"1 号相比,"霹雳"2 号做到了"发射后不管",具有明显的优越性。后者大量装备部队后,"霹雳"1 号导弹就停止了生产。

在使用过程中,"霹雳"2 号暴露出了一些缺点,如抗干扰能力差、作用距离短、光学引信早炸等问题。1978 年 3 月,以第 202 工厂的技术人员为主,在有关单位配合下,对"霹雳"2 号开始了改型设计和试制工作,改进的重点是导引头和引信。

经过近 3 年的努力，相继攻克了十几项关键技术，于 1981 年年初试制出新型导弹。经实弹发射试验，于 1981 年 10 月设计定型，并投入批量生产，被命名为"霹雳"2 号乙。"霹雳"2 号乙有较好的继承性，约 60% 的零件、95% 的原材料和元器件与"霹雳"2 号通用，但增大了导引头探测距离，解决了引信早炸等问题，提高了导弹的飞行速度，抗太阳和天空背景的干扰能力也显著增强。

从"霹雳"3 号开始，中国的空空导弹走上了自行研制的道路。1974 年 11 月，以歼-7 战斗机为载机，在西北导弹试验基地进行实弹发射试验，首发击毁目标。1979 年 10 月，又以歼-8 战斗机为载机进行发射试验，单发射击和双发连射均获得成功。1980 年 4 月，"霹雳"3 号被正式批准设计定型，并获得国务院国防工办重大技术改进一等奖。

"霹雳"系列的 1 号至 3 号导弹，都属于第一代空空导弹。它们的作战性能与苏联的 AA-1、AA-2，美国的"猎鹰"AIM-4、"响尾蛇"AIM-9B，英国的"闪光"等型号相近，都是为对付速度较慢的亚声速轰炸机而设计的。第一代空空导弹的共同特点是只能实施追尾攻击，射程也比较近，一般在 8 千米之内。

越南战争期间，美国将新研制的第二代空空导弹投入战场使用，如"超猎鹰"AIM-4E、"响尾蛇"AIM-9D 和"麻雀"AIM-7D 等。这些导弹具有全天候、全方向攻击能力，最大射程增至约 20 千米，能对付超声速战斗机。在越南战争的空战中，美军用第二代空空导弹击落数百架越方战斗机，显示了威力。到 1973 年的第四次中东战争时，第二代空空导弹便成为空中格斗的主兵器，空战主要形式由"空中炮战"演变成"空中导弹战"。

为了追赶世界导弹发展的新水平，中国从 20 世纪 60 年代中期开始研制第二代空空导弹——"霹雳"5 号乙。1985 年 9 月，"霹雳"5 号乙最终完成了设计定型试验，翌年 9 月批准定型投产。

第三代空空导弹首先由美国研制成功，于 20 世纪 70 年代中期开始服役。在马岛战争、第五次中东战争和海湾战争中，以"响尾蛇"AIM-9L、"麻雀"AIM-7M、"不死鸟"AIM-54A 为代表的近程、中程和远程空空导弹，都有出色的表演。20 世纪 80

"霹雳"5EⅡ空空导弹

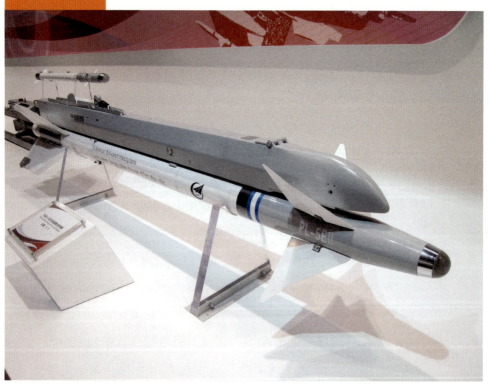

"霹雳" 9C 空空导弹

年代后期，中国在自力更生的基础上，借鉴和引进国外先进技术，在第三代空空导弹研制上取得重大进展。

在 2002 年 2 月 26 日—3 月 3 日举行的新加坡航展会上，中国的"霹雳"5E 和"霹雳"9C 空空导弹公开亮相，战术技术性能比 PL-9 有显著提高。中国的空空导弹正在瞄准世界先进水平，逐步完善第三代，并向第四代迈进。

莫邪神剑 —— 中程空空导弹

1999年3月的科索沃战争中，南联盟的5架米格-29战斗机升空迎战北约飞机，但还没弄清敌手在那里，就接连被几十千米外的美军F-16战斗机发射的AIM-120空空导弹击落，仅有1名飞行员跳伞生还。如今，美国F-15、F-16、F-14等第三代战斗机携载的空战武器，既有近程格斗的"响尾蛇"，也有中程拦射的"麻雀"、AIM-120，还有远程空空导弹"不死鸟"，以及制导炸弹、集束炸弹等，可满足不同作战任务的需要。

"麻雀"（Sparrow）导弹，是美国研制、装备最多的三大系列空空导弹之一（另两种是"响尾蛇"和"猎鹰"），发展了十几种型号。从20世纪60年代中期起，美国空军开始装备具有迎头攻击能力的"麻雀"AIM-7E中程空空导弹，射程约26千米，曾投入越南战场使用，但由于其低空和机动能力差，战果平平。

20世纪70年代后期，美国雷神公司对"麻雀"系列导弹做了重大改进，研制成功AIM-7F空空导弹，射程超过40千米，机载雷达发现目标距离也提高到100多千米，使美国空军战斗机拥有了第一种真正具有超视距空战的武器。这种导弹上装有脉冲多普勒雷达，既能测距，又能测速，有较好的低空性能和下视能力，配装在具有下视下射能力的第三代战斗机上，使整个武器系统的作战性能大幅度提高。它有两种制导方式，导引头全固态化，电子部件微小型化，灵敏度很高。采用连续波半主动雷达制导时，最大发

"麻雀"AIM-7F 中程空空导弹

射距离为 46.7 千米,采用脉冲多普勒雷达制导的发射距离可达 61 千米,最小发射距离为 305 米,最大使用高度 18.3 千米,飞行速度马赫数 4,发射重量 227 千克,战斗部重 40 千克。

"麻雀"AIM-7F 中程空空导弹于 1977 年批量生产,不仅装备美国空军,还出口到埃及、加拿大、沙特阿拉伯、以色列等国,订货总数超过 20000 枚,每枚单价约 14.1 万美元(1979 财年)。

在实战中最先使用 AIM-7F 中程空空导弹并取得战果的,是以色列空军。1982 年 5 月,第五次中东战争爆发。以色列空军飞行员驾驶 F-15 战斗机,在 40 千米之外发射"麻雀"AIM-7F 导弹,击落一架叙利亚苏制米格-25 战斗机,使这种问世不久的中程空

"狂风"战机携载的"麻雀"AIM-7F空空导弹

空导弹在中东战场首开杀戒。在此次战争中,以色列空军战斗机用空空导弹击落了 80 架敌方飞机,其中 20% 是在几十千米外用 AIM-7F 击落的。

　　超视距空战的作战样式在这次战争中初步形成,引起了世界各国军方的极大关注。此前的空战,包括使用航炮和近程格斗导弹,大都在飞行员目视范围内进行(目视距离一般 10 多千米)。中程空空导弹的出现和发展,使空战样式发生了历史性的变化。

　　中程空空导弹的战斗性能,也在实战中不断改善。1983 年,根据美国空军和海军的要求,雷神公司推出了"麻雀"系列空空导弹的最后一个型号——AIM-7M。AIM-7M 空空导弹采用单脉冲导引头的半主动多普勒雷达制导，采用先进的倒置接收机、数字处理机和新的自动驾驶仪，提高了导引头作用距离，进一步增强了抗干扰能力，极小的雷达横截面目标也难以逃脱它的打击，并能对付多个目标，具有全向、全高度和全天候作战能力。20世纪80年代初，由美国海军、空军和雷神公司有关人员组成的联合小组，对AIM-7M的性能和可靠性进行了极为严格的考核，给予了充分肯定，认为该型导弹是"麻雀"系列中改进得比较完善的一种。美国海军、空军均大量采购了AIM-7M导弹，北约各国和以色列、埃及、澳大利亚等国的战斗机都装备了这种导弹。

在海湾战争中，只发生了次数不多的空中战斗。美国为首的多国部队在空战中共击落伊拉克飞机40多架，大部分是"麻雀"AIM-7M的功劳。

海湾战争之后，美军和北约组织的部分战斗机换装了一种更先进的中程拦射导弹——"先进中程空空导弹"（AMRAAM）。下面是美国驻海湾军方发言人讲述的一个真实的战斗故事：

1992年12月27日早晨，大约当地时间上午11时，美军在海湾地区上空执勤的E-3"望楼"预警机发出警报，2架伊拉克苏制米格-29战斗机进入联合国和美军划定的伊拉克南部禁飞区。在预警机引导下，正在执行巡逻任务的美国空军第33战术战斗机联队第363中队的2架F-16C战斗机向伊机飞去，在百千米之外发出令其离开禁飞区的无线电命令，但伊拉克飞机不予理会。F-16C长机随即发射一枚"先进中程空空导弹"，将进入禁飞区约37千米的伊拉克长机击落，另一架米格-29加速逃离。

美国中央司令部的指挥官事后谈到此事时指出，直到被击落之前，伊拉克飞行员都没有意识到自己面临的灾难。现在的空战，与过去已完全不同，整个战斗过程迅速、简单，与过去扣人心弦的近程格斗完全不同了。

"先进中程空空导弹"，是作为"麻雀"AIM-7F/M的后继弹研制的，属战后第四代空空导弹。第三代中程空空导弹，包括美国的"麻雀"AIM-7F/M，法国的"马特拉"超530F/D（最大射程分别为25千米和47千米），英国的"天空闪光"（最大射程40千米），俄罗斯的AA-6"毒辣"（最大射程50千米）、AA-9（最大射程45千米）等。它们主要采用半主动雷达制导，虽可进行超视距空战，但有个共同的缺陷：这些导弹有雷达波接收能力，却没有雷达波发射能力或发射功率很小。导弹发射后，需靠载机雷达发射照射目标的发射波完成前期跟踪。因此，载机射出导弹后，还必须保持雷达对攻击目标的连续照射，对飞机的安全和机动攻击能力无疑会产生不利影响。只有当导弹飞临目标足够近时，才能像近程空空导弹那样完全靠自己飞向目标，完成后期跟踪。

第四代空空导弹克服了上述缺陷。"先进中程空空导弹"的初步设想萌发于1975年11月。当时，美国空军、海军和海军陆战队组织专业人员，对未来30年的空中威胁和主要空战任务进行了13个月的研究、论证，认为主要空中威胁来自5.6～74千米范围内的攻击。论证小组建议发展一种"发射后不管"的"先

美国"先进中程空空导弹"AIM-120B

进中程空空导弹"。美国空军、海军于1977年成立了联合工程办公室,由空军武器发展试验中心牵头,美国休斯飞机公司和雷神公司被选定为第一承包商和第二承包商。此后,英国宇航公司和马克尼防御系统公司、联邦德国的梅塞施米特－伯尔克－布洛姆公司和德律风根公司也加入进来。

经过10多年的努力,1988年"先进中程空空导弹"研制工作基本结束,1989年中期达到初步作战能力,1992年开始大规模生产。导弹被命名为AIM-120,有A、B、C、D四种型号,主要装备美国空军、海军的F-15、F-16、F-14和F/A-18,英国的"海鹞",法国的"幻影"2000,德国的F-4F等战斗机。在首批大订单中,美国空军购买17000枚,海军购买7320枚,英、德等北约国家的订购量也十分可观，每枚价格约 90 万美元。

21 世纪初，AIM-120 还被加装到 F-22、F-35 等新一代战机上。

"先进中程空空导弹"的基本型 AIM-120A 弹长 3.65 米，弹径 178 毫米，弹翼翼展 526 毫米，舵翼翼展 627 毫米，最大射程 80 千米，最小射程 800 米，作战高度范围 0 ~ 20 千米，最大飞行速度马赫数 5。全弹重 152 千克，战斗部重 23 千克。

"先进中程空空导弹"的最大优势是"发射后不管"，1 架载机可同时发射 8 枚 AIM-120A，攻击 8 个不同的目标。AIM-120A 采用惯性制导加主动雷达末制导的技术。它的体积虽然较小，但导弹上装有大功率的雷达波发射器。飞机将导弹发射出去后，即可飞离危险区。导弹的前期跟踪靠惯性制导或指令惯性制导，末制导则由主动雷达导引头负责。

AIM-120A 导弹的作战过程大致可分为四个阶段：一是发射前阶段，火控雷达搜索、跟踪目标，载机显示屏上显示目标情况。二是发射阶段，飞行员按下发射按钮导弹飞向目标。三是惯性中制导阶段（有三种中制导方式：指令惯性制导、惯性制导、跟踪干扰源），导弹按选定的制导方式，飞至某一空间点，在此点上自动转入末制导工作。四是主动雷达末制导阶段，导弹飞到某一空间点时，主动雷达导引头发射机自动开机，探测到目标后连续跟踪，引导导弹准确飞向目标，直至将其摧毁。主动雷达边扫描边跟踪，具有多目标区分能力。在多目标情况下，载机发射的多枚导弹会"各寻其主"，后一枚导弹不会去追杀已被前一枚导弹攻击的目标。

然而，再先进的武器也有缺陷，甚至可能在实战中铸成大错。1994年4月14日，美国空军两架F-15"鹰"战斗机在伊拉克北部巡逻执勤，误将自家的两架UH-60直升机击落，使用的两枚空空导弹中有一枚便是AIM-120A。

AIM-120服役以来，美军一直对其不断改进，如改进电子系统、换装发动机、改变导弹攻击方式等，使其性能显著提升。作为一款备受欢迎的空空导弹，价格也十分昂贵。2016年，印度尼西亚从美国购进36枚AIM-120C7型空空导弹，花费8000万美元，单价超过200万美元。最新的AIM-120D型，2018年价格高达每枚325万美元。

由于空空导弹的体积比较小，安装复合制导设备，使中程导弹"发射后不管"，在技术上难度很大。

美军战机挂载的AIM-120C空空导弹

目前，世界上具有此种能力的中程空空导弹，除美国研制的 AIM-120 外，还有法国的"米卡"、俄罗斯的 R-77，以及以色列的"德比"等。

R-77 是俄罗斯第一种采用主动雷达制导，具有"发射后不管"和多目标攻击能力的第四代先进中程空空导弹，20 世纪 90 年代开始小批量生产，北约代号 AA-12。该导弹采用二级固体火箭发动机，最大射程 50 千米，最大飞行速度马赫数 4，可全天候、全方位、全高度灵活使用。

俄罗斯 R-77（AA-12）中程空空导弹

"米卡"导弹由法国玛特拉公司研制生产，1996 年开始服役。该弹的特别之处是，采用可互换使用的主动雷达和被动红外导引头，首次将中程拦射与近程格斗的双重任务集于一身，最大射程约 55 千米，装备的飞机有法国"幻影" 2000、"阵风"，英国的"海鹞""旋风"，瑞典的"鹰狮"等。

"米卡"导弹的气动外形采用窄长边条式弹翼和

后缘呈阶梯形的尾翼，其尾喷口内装有 4 个可大大提高导弹机动性的燃气偏转装置。在导弹发射后的几秒钟内，由于空气动力控制系统的操纵效率低，因此仅用燃气偏转装置进行推力矢量控制，当导弹达到超声速后，二者才共同控制导弹的飞行。该弹的特别之处是，采用两种可互换的导引头，一种是主动雷达导引头，另一种是被动红外导引头，它们之间可互换使用，既可实施中程拦射，也可进行近程格斗，首次将双重任务集于一身。"米卡"是当今世界上尺寸最小的超视距空空导弹，弹长 3.10 米，弹径 0.32 米，最大速度大于马赫数 1，配备先进的火控系统，具有"发射后不管"和多目标攻击能力。

以色列曾经在 20 世纪 90 年代初向美国要求进口 AIM-120 "先进中程空空导弹"，遭拒绝后，决定由以色列拉菲尔公司自行研新一代主动雷达制导的超视

法国"米卡"中程空空导弹

距空空导弹。在第 44 届巴黎航空航天博览会上，代号为"德比"（Derby）的最新型中程空空导弹首次公开露面，它标志着以色列的空空导弹研制水平已跻身于世界先进行列。以色列军方正式承认这种导弹的存在是在 1998 年，其秘密研制了至少 10 年。"德比"导弹长度 3.8 米，直径 150 毫米，翼展 500 毫米，最大有效射程约 60 千米。设计人员还给"德比"安装了弹体中央控制舵面，以改善导弹的气动外形。目前，"德比"已经进入以色列空军服役。有媒体称，菲律宾、印度和韩国等国家都准备进口数量不等的此种导弹。由此看来，面对一些中小国家，"德比"的市场前景还是十分不错的。

　　曾多年一花独秀的美国"先进中程空空导弹"，如今已经有了好几个强劲的对手。

　　中国研制的 SD-10A 等型号中程空空导弹，也跻身世界先进水平行列。

以色列"德比"中程空空导弹

中国 SD-10A 中程空空导弹

枭龙战斗机携带 SD-10A 导弹

截杀"幽灵"——远程空空导弹

1983年年初，加勒比海朔风怒号，海浪滔天，辽阔的海面上战舰穿梭，不时传来实弹射击的爆炸声。美国和北约海军正在这里举行一次较大规模的联合演习。"蓝军"向美国舰队发射了一枚"捕鲸叉"反舰导弹，导弹离舰即被担任舰队护航任务的F-14"雄猫"战斗机发现。F-14飞行员随即按动电钮，一枚"不死鸟"从"雄猫"腹下飞出，呼啸着扑向约100千米外的目标。"不死鸟"准确地命中飞行中的"捕鲸叉"，并将其摧毁。

在战火硝烟持续8年的两伊战争中，美国的"不死鸟"首次在实战中崭露头角。1982年年底，一架携载"不死鸟"的F-14"雄猫"战斗机悄悄进入这个激烈混乱的战场，协助伊朗空军作战，在100千米之外发射导弹，命中一架伊拉克苏制米格-25战斗机。

米格-25绰号"狐蝠"，最大速度可达马赫数3，实用升限24000多米，是当时名气很大的先进战斗机，但它却碰到了更厉害的"杀手"。

驾驶米格-25的伊拉克飞行员莫名其妙：怎么回事？还没看见对方飞机影子，自己的飞机"轰"的一声便被击落了！

此后，F-14"雄猫"又以同样的方式，在百千米之外击落了两架伊拉克苏制米格-23战斗机。"不死鸟"空空导弹的远程攻击威力令世人震惊。

"不死鸟"（Phoenix）是根据美国海军的要求，由美国休斯飞机公司于1962年开始研制的远程空空导弹，主要任务是保卫航母舰队安全，控制空域，攻击敌方轰炸机、巡航导弹等空中目标，代号为 AIM-54A，主要装备 F-14"雄猫"舰载战斗机，每架飞机可携带 6 枚。"不死鸟"弹长 3.95 米，弹径 380 毫米，翼展 910 毫米，发射重量 447 千克，最大射程 200 千米，使用高度 15～30 千米，飞行速度马赫数 5。在截击过程中，它可根据不同的战术情况采用不同的制导方式，在初始阶段按程序制导，中段为半主动制导（导弹跟踪由火控雷达照射并被目标反射回来的信号），末段为主动制导（导弹跟踪由目标反射来的自己发射的信号）。这种复合制导方式，使"不死鸟"具有很高的命中率和抗干扰能力。战斗部

美国"不死鸟"
AIM-54A 空空导弹

携载 6 枚"不死鸟"的 F-14"雄猫"战斗机

重 48.49 千克,内装高能炸药。

"不死鸟"从设计到生产历时 9 年,从生产到装备使用又花了 3 年时间,研制经费达 50 亿美元。至 1980 年,"不死鸟"共生产了 2520 枚。"不死鸟"是具有远射程、全天候、全高度、超声速能力的空空导弹,在当时堪称举世无双,没有其他空空导弹能与之抗衡。

为对付 20 世纪 90 年代的空中威胁,美国休斯飞机公司又推出了"不死鸟"AIM-54A 的改进型,1982 年开始装备美海军,编号 AIM-54C。AIM-54C 改成数字式电子部件,以中大规模集成电路为主,总共有 68 块综合电路板,比 AIM-54A 的模拟部件有更好的灵活性和更高的可靠性。AIM-54C 采用兼有自动驾驶仪功能的捷联式惯性基准装置，与数字式电子部件相配合，能使导弹在整个飞行过程中有良好的弹道控制能力，显著提高制导精度，具有对付高空小目标能力。美国海军武器试验中心为 AIM-54C 设计了新的目标探测器，使它能更有效地攻击多种目标，特别是小目标和低空目标，并能在严重电子干扰条件下和恶劣气候条件下向敌方发动攻击。

军事评论家们指出，"不死鸟"远程空空导弹的诞生和发展，将对现代空战的作战方式、战术思想等产生深远的影响。空中之战更多的是"不见面"的厮

F-14"雄猫"战斗机发射"不死鸟"

杀，敌机只是作为发光的"亮点"出现在驾驶舱内的荧光屏上，犹如电脑"游戏"。

为对抗美国 F-14 战斗机装备的"不死鸟"，苏联于 20 世纪 70 年代组织力量研制远程空空导弹，1982 年列装 R-33（北约代号 AA-9"阿莫斯"），装载在米格-31 战斗机上。从总体布局上看，AA-9 与美国的 AIM-54A"不死鸟"导弹有许多相似之处。AA-9 采用多功能雷达导引头，具有下视、下射能力，既可打超声速战略轰炸机，也可攻击低空飞行的巡航导弹，能同时拦截 4 个目标。

俄罗斯 AA-9 空空导弹

在 1993 年 2 月的阿联酋"国际防务展览会"上，俄罗斯的两件展品在素有"中东小纽约"的繁华城市阿布扎比引起了轰动。一件是性能超过美国"爱国者"的防空导弹武器系统 S-300，另一件是超远程空空导弹 KS-172。这种长 6 米、重 720 千克的俄罗斯空空导弹，射程可达 400 千米，载机为新型战斗机苏-35。俄罗斯还在研制 R-77 的改进型 R-77M、Kh-31P（射程 200 千米）、R-37（射程 150 千米）等新型号。

进入 21 世纪，更加强调"非接触"作战，远程空空导弹无疑是机载武器的发展重点。据 2000 年的资料显示，当时现役和在研的射程超百千米的远程空空导弹已有 10 多种。此前，美国已开始研制"不死鸟"AIM-54C 的后继弹，制定了"先进远程空空导弹"计划，生产射程 380 千米的 ASALM；英国、法国、德国等一些欧洲国家也在发展超视距攻击的增程空空导弹，法国的 ASPM 导弹射程约 250 千米，欧洲 MBD 公司将推出射程达 150 千米、代号为"流星"的远程空空导弹。

坦克杀手——反坦克导弹

1943年，纳粹德国陆军在空军X-4型有线制导空空导弹方案的基础上，研制专门打坦克的导弹。1944年9月，X-7反坦克导弹基本研制成功，但还未投入使用德国就战败投降。1953年前后，法国诺德-阿维什公司研制成功SS-10反坦克导弹，并于1956年在北非的阿尔及利亚战场上使用，显示了威力。此后，众多国家兴起研制反坦克导弹的热潮，至今已经发展了四代，战术技术性能不断提高。第一代导弹需要射手同时瞄准目标并控制导弹，已被淘汰；正在服役的主要是第二代和第三代及其改进型，它们只要射手瞄准目标或以激光器照射目标即可；第四代始现于20世纪末，"发射后不管"是其基本特征。历次局部战争特别是中东战争、海湾战争和正在进行的俄乌战争表明，反坦克导弹是目前最为有效的反坦克武器，已成为世界各国反坦克武器的主体。

有线制导 —— 第一代反坦克导弹

1973年10月，在风光旖旎的苏伊士运河两岸，在丘陵起伏的戈兰高地，到处硝烟弥漫，炮声隆隆。埃及、叙利亚等阿拉伯国家同以色列展开了第四次大战。许多新式武器投入了这场战争，坦克与反坦克导弹之间的较量尤为令世人瞩目。

在西奈战场，急于反击的以色列坦克部队向运河两岸推进，有"王牌部队"之誉的第190装甲旅一马当先。埃及军队采用诱敌深入的战法，将装备新型反坦克导弹的步兵第2师埋伏在以色列军队必经之路的两侧。

第190装甲旅旅长亚古里上校趾高气扬，指挥所部100多辆美制M-60坦克进入埃及军队的伏击圈。在统一号令下，一枚枚反坦克导弹从隐蔽的沙丘、掩体后呼啸而出，曾所向披靡的以色列军队坦克顿时变成了一堆堆废铁。伏击战打了仅3分钟，埃及军队共发射250多枚反坦克导弹，全歼以色列第190装甲旅，旅长亚古里被生俘。

在这场历时18天的第四次中东战争中，埃及、叙利亚军队击毁以色列坦克近千辆，其中899辆是反坦克导弹的功劳。国际军事评论家为此惊呼：反坦克导弹的大量使用，使坦克主宰陆地战场的时代一去不复返了。

埃及、叙利亚军队使用的反坦克导弹是苏联提供的，西方称之为AT-3"萨格尔"（Sagger，意译"小家伙"），苏联代号为9M14。该导弹的设计者是苏联

AT-3"萨格尔"反坦克导弹

时代的功勋导弹设计师谢尔盖·涅波别季梅,他曾为苏军研制了便携式地空导弹"箭"、战役战术导弹"奥卡"等28种先进武器,多次获国家奖金和列宁奖金,是被苏联列入绝密档案的学者、设计师。

涅波别季梅研制的第一种反坦克导弹"萨格尔",由一根直径约1毫米的电缆控制。当导弹飞向目标时,导弹拖曳着电缆,就像从线轴上放线一样。电缆由几根配线组成,每根配线都需用丝线严密包裹起来,以相互绝缘。这种丝线是从中国进口的。20世纪60年代中期,苏中关系恶化,丝线的供应停止了,而"萨格尔"已投入批量生产,年产4万枚,急需寻找中国丝线的代用品,而苏联没有这种东西。

有一天，涅波别季梅参加上层召开的会议，目光盯住了一位刚从美国回来的高级官员的衬衫，因为衬衫的布料同中国的丝绸很相似。经化验，衬衫是用一种化纤合成材料制成的。当时，巴黎统筹委员会禁止向苏联出口这种材料，但这难不倒苏联人。神通广大的苏联克格勃和军工部门联手，很快通过某个国家买到了这种织物的整个生产线。几个月后，"萨格尔"用上了自产丝线，大批量生产得以顺利进行。

"萨格尔"于20世纪60年代中期大量装备苏军摩托化步兵团所属的反坦克导弹连、摩托化步兵营的反坦克导弹排和空降部队，随后出口到华约国家和阿拉伯国家。该导弹弹长831毫米，弹径120毫米，翼展393毫米；最大射程3000米，最小射程500米，3000米射程命中率87%，500米射程命中率60%；平均飞行速度120米/秒，最大射程时每分钟可发射2发；法线角65°时可穿透150毫米均质钢板，穿透率90%以上；导弹系统全重30.5千克，其中导弹重量11.3千克，聚能穿甲战斗部重2.5千克；动力装置为二级固体火箭发动机；制导方式为目视瞄准跟踪、三点导引、手控有线传输指令；行军转入战斗的发射准备时间为1分40秒，战斗转行军的发射准备时间为2分钟。

"萨格尔"在中东战场一鸣惊人，并由此确立了反坦克导弹在现代战争中举足轻重的地位。但是，发明反坦克导弹的荣誉却不属于苏联。

第二次世界大战后期，纳粹德国面对盟军数量剧增的坦克，制定了一项研制新式反坦克武器的应急计划，代号X-7。

在瓦勒教授的主持下，代号为X-7的世界上第一种反坦克导弹，以德国的X-4空空导弹为基础，于1944年年底试验成功，被称为"小红帽"。该导弹采用二级固体燃料火箭发动机、空心装药战斗部。全弹长950毫米，有T型配置的3个弹翼，翼展600毫米，发射重量9千克，射程1000～1200米，可击穿30°角的200毫米厚的钢装甲。第二次世界大战期间所有的坦克，都可被"小红帽"轻而易举地击毁。但是，此时苏联红军和盟军已从东西两个方向潮水般涌向德国本土，纳粹德国未来得及批量生产和装备这种新式武器，便战败投降。

第二次世界大战后，曾深受德军装甲部队"闪击战"之苦的法国，在反坦克导弹研制方面起步最早。1946年，法国北方航空公司开始研制一种称为SS-10的反坦克导弹，1955年研制成功并投入批量生产，是世界上最早装备部队并投入使用的反坦克导弹。

SS-10主要供步兵使用，通常由两名士兵组成一个操作组，也可装在吉普车或直升机上发射使用。最大射程1600米，最小射程300米，平均飞行速度80米/秒，命中率80%，垂直破甲厚度420毫米。导弹重量14.8千克，聚能破甲战斗部重5千克，弹径165毫米。

SS-10研制成功后，曾大量装备北约各国陆军，生产总数超过35000枚，每枚售价750美元（1955年价），全武器系统每套约1000美元。

法国SS-10
反坦克导弹

在清剿阿尔及利亚民族解放势力时,法国陆军最早使用了SS-10反坦克导弹。但其对手阿尔及利亚游击队并没有坦克,SS-10的主要用途是摧毁对方的地面坚固掩体、碉堡等硬壁工事。

SS-10反坦克导弹首次与坦克对阵,是在1956年的第二次中东战争中。以色列陆军装备使用SS-10,击毁了埃及的一些坦克和装甲车辆。虽然战果不算大,但多年来所向披靡的"陆战之王"毕竟遇上了真正可怕的对手。

战斗中,SS-10也暴露了许多缺点。它采用有线制导方式,射手目视瞄准、跟踪,必须始终保证眼睛、导弹和目标三点在一条直线上,操作复杂,射手训练难度较大。另外,SS-10反坦克导弹的飞行速度太慢,射程也太近。

20世纪50年代末,法国又研制了较先进的SS-11反坦克导弹,射程增至3000米,飞行速度达到160米/秒,最大破甲厚度609毫米。SS-11反坦克导弹的生产总数高达18万枚,先后出口到27个国家和地区,产生了广泛的影响。在反坦克导弹技术上领先于世的法国人,靠SS-11和改进型"安塔克"反坦克导弹,在短短几年里发了一笔大财。

其他国家也相继效仿,竞相研制,很快出现了一批性能相近的反坦克导弹,如英国的"警惕""旋火",瑞典的"矮脚鸡",联邦德国的"眼镜蛇",意大利的"蚊",日本的64式,苏联的AT-1、AT-2、AT-3等。中国的第一种反坦克导弹红箭-73,是参照AT-3研制的。它们都被称为第一代反坦克导弹,主要技术特征是射手目视瞄准和跟踪,采用有线制导方式。第一代反坦克导弹要求对射手进行严格训练,难度很大,导弹命中率只能达到60%左右。

中国红箭-73反坦克导弹

红外半自动制导 —— 第二代反坦克导弹

20世纪60年代初,法国导弹专家发明了红外测角仪,研制出实战能力更强的SS-12反坦克导弹。它采用光学瞄准、红外跟踪、导线传输指令的半自动遥控制导方式,射手只需转动光学瞄准镜,保持目标在"十"字线上,红外测角仪自动跟踪,然后扣动扳机,单发命中率70%～80%,6000米射程飞行时间32秒,垂直破甲厚度800毫米。

在第一代反坦克导弹的世界性研制的浪潮中,美国人没有参与进来,仅进口了一批法制导弹。20世纪60年代初期,美国陆军决定越过有线手控制导的第一代,利用法国的最新成果,直接投入红外半自动制导反坦克导弹的研制。

经过七八年的探索、试验,美国陆军于20世纪60年代末定型投产了"橡树棍"(Shillelagh)和"陶"(TOW)两种反坦克导弹。前者用火炮发射,主要装备装甲部队;后者采用发射筒发射,可安装在各种车辆和直升机上,从1970年大量生产并装备部队,成为世界上生产量最大和使用最广泛的重型反坦克导弹之一。

"陶"反坦克导弹,编号为BGM-71,由美国雷神公司研制,名称TOW是"筒式发射、光学跟踪、有线制导"的英文缩写。"陶"反坦克导弹1972年首次在越南战争中使用,其综合性能在第二代反坦克导弹中名列前茅,使美国一跃成为研制反坦克导弹的先进国。此前,反坦克导弹的最小射程为几百米,近距离射击死区很大。而"陶"反坦克导弹的最小射程为65米,地面最大射程3000米,直升机发射最大射程3750米,扩大了有效攻击范围。

在越南战争和第四次中东战争中,美军和以色列军队曾大量使用"陶"反坦克导弹,以机载和车载为主,对地面坦克、碉堡及火炮阵地的攻击成功率达到80%以上。

由于各军事大国的重视和大量投入,第二代反坦克导弹堪称百"弹"争雄,有代表性的品种除了美国的"陶"反坦克导弹,还有德法两国联合研制的"霍特""米兰",苏联的AT-4、AT-5,日本的79式MAT,瑞典的"比尔"等。

在第二代反坦克导弹中,"米兰"是性能优良的代表性品种。"米兰"仅重6.65千克,整个系统重15.5千克,是世界上最轻的导弹。它由法国航空航天公司战术导弹部和德国MBB公司组成的欧洲导弹公司联合研制,1972年和1974年相继装备法德两国部队,并大量出口,有37个国家的军队装备"米兰",总量超过20万枚。"米兰"多次用于局部战争和武装冲突,实战证明十分有效。"米兰"研制之初是专为步兵设计的,后来经过进一步改进发展成车载发射装置。1983年开始对"米兰"进行改进,改进型号称"米兰"2。

"米兰"战术技术性能:弹长755毫米,弹径116毫米,翼展266毫米;弹重11.3千克,战斗部采用聚能破甲装置,重3千克,内装炸药1.45千克(RDX弹药和TNT弹药比例3∶1),破甲厚度690毫米（"米兰"2 为 970 毫米）；射程 25～2000 米，导弹离开发射筒口的初速度为 75 米/秒，最大速度为 200 米/秒。射击精度按圆概率误差计算小于 0.5 米。弹上装 1 台单室双推力固体火箭发动机。采用光学瞄准追踪、红外半自动、三点法导引、导线传输指令制导。

瑞典博福斯公司别出心裁，寻找坦克最薄弱的部位，首创第一种能够从顶部攻击装甲目标的轻型反坦

"米兰"反坦克导弹

克导弹"比尔"(BILL),于1986年装备部队,是世界第一种投入使用的攻顶式反坦克导弹。

"比尔"采用光学瞄准与跟踪、三点法导引、红外半自动指令制导,主要装备陆军步兵分队。该导弹的与众不同之处主要体现在战斗部,配用聚能破甲战斗部及触发、近炸引信,战斗部内的锥形装药中心轴始终保持向下倾斜30度。另一个不同之处在于,导弹发射后进入制导状态,导弹始终在瞄准线上方1米处飞行。因而,当导弹飞临目标时,其近炸引信就会引爆战斗部,对坦克顶部装甲进行攻击;如果瞄准线

士兵发射瑞典"比尔"反坦克导弹

较低，导弹撞在目标上，触发引信则会引爆战斗部，产生的聚能金属射流以接近90°角侵彻装甲。因此，"比尔"比一般反坦克导弹对坦克更具有威胁性。

"比尔"能击穿包括苏制T-80在内的各种先进坦克的顶装甲，而且价格低廉，每枚价格约5000美元，适宜大量装备部队。可单兵携带，也可车载。"比尔"战术技术性能：弹长900毫米，弹径150毫米，弹重18千克（含储存筒和防护罩），最大飞行速度260米/秒，平均速度200米/秒，有效射程150～2000米，命中率95%，垂直破甲厚度286毫米。

第二代反坦克导弹采用光学跟踪、导线传输指令、半自动指令瞄准线制导方式。同时，第二代反坦克导弹有了轻型和重型之分。轻型导弹的射程约为2000米，主要是单兵和步兵小组使用；重型导弹的射程约为4000米，主要是车载和机载型。这类导弹发射后导弹后面拖一根细长的光纤线。第二代反坦克导弹多为筒式发射，静对动的命中精度可达85%以上，对付20世纪六七十年代的主战坦克绰绰有余。

20世纪70年代以来，主战坦克采用了复合式、反应式等新型装甲，第二代反坦克导弹战斗部威力显得有些不足，难以摧毁这类坦克。美国休斯公司通过新技术措施提高破甲威力，增加射程，推出作战效能更好的"陶"ⅡA和"陶"ⅡB。"陶"ⅡA采用串联聚能战斗部，反坦克导弹破甲威力达到940毫米，在与坦克的对抗中再占上风。"陶"ⅡB则是一种掠飞攻顶的反坦克导弹。至2000年，"陶"反坦克导弹生产量已超过66万枚，遍布在全球44个国家和

士兵发射"陶"ⅡA反坦克导弹

地区。

  德法两国也联合研制出"霍特"2和"米兰"2。"霍特"2采用了新的战斗部,直径由136毫米扩大到150毫米,威力提高35%,能有效穿透1250毫米厚且外加一层爆炸反应装甲的均质钢装甲。1995年,"霍特"系列又增加了新成员——"霍特"3,首先装备了欧洲"虎"武装直升机。"霍特"导弹先后在两伊战争、黎巴嫩、乍得、西撒哈拉和海湾战争中使用过。到2001年,"霍特"系列反坦克导弹已向18个国家交付了85000枚。

  各国研制并装备部队的第二代和二代半反坦克导弹达四五十种,年产量近8万枚,至今仍是世界军火市场上的热门主流产品。

  在海湾战争期间,许多美军士兵背囊上横放着一支类似杠铃的武器,那是美国陆军装备于排一级、单兵携带的轻型反坦克导弹 FGM-77A,绰号"龙"(Dragon)。为便于单兵肩扛发射,"龙"全系统重量小于 14 千克(导弹重 6.3 千克),射程 25～1000 米,破甲厚度 500 毫米。后又推出改进型"龙"Ⅱ和"龙"Ⅲ,破甲厚度达 950 毫米。为了能在白天黑夜都能攻击各种装甲目标和工事掩体,还配备了红外夜视瞄准具,后又改进为热成像夜视仪。整个武器系统具有结构紧凑、使用维护简便、首发命中率高等优点。

美国的"龙"和法德两国联合研制的"米兰"(MILAN),是北约组织两种主要的轻型反坦克导弹。它们都具有性能优越、价格低廉的优势,"米兰"3000 美元/枚,"龙"6180 美元/枚,但却能击毁价值几百万美元的主战坦克。

美国"龙"反坦克导弹

"发射后不管"—— 第三、四代反坦克导弹

美军从 1972 年开始，历时 10 年，耗资 3.099 亿美元，研制成功 AGM-114 新一代反坦克导弹，绰号 Hell fire（"地狱火"）。该导弹可由海基、陆基、空基发射，是一种反坦克和反直升机两用导弹。一架 AH-64 武装直升机可携载 16 枚 "地狱火" 导弹，对地面装甲目标命中率大于 90%，最大射程 7000 米，破甲威力 1400 毫米。每枚导弹价格 3.8 万美元（1985 年价）。它采用激光半自动制导，去掉了第一代、第二代反坦克导弹那条又长又细的 "辫子"——传输指令的导线，也不需要射手瞄准跟踪目标，1 分钟即可发射 16 发，命中率大于 90%，具有全天候作战能力，能在战场烟尘和雨雾中锁定并攻击目标。现有多种改进型号在役，具有射程远、精度高、威力大等优势。

"地狱火" 也有一个明显弱点：飞机发射导弹后，仍需用激光指示器瞄准目标；被照射的坦克产生一种辐射，导弹上的激光导引头才能寻的跟踪，命中目标。根据美国军方的要求，罗克韦尔公司对 "地狱火" 进行了改进，使之成为可配装多种导引头的模块化导弹武器系统。其中有射频和红外导引头、电视导引头和被动红外热成像导引头，导弹发射后，能自动跟踪雷达频率，实现 "发射后不管"。

苏联于 20 世纪 80 年代中期也装备了 "发射后不管" 的新一代反坦克导弹，西方称为 AT-6 "螺旋"，苏军代号为 9M114 "突击"，是第一种超声速反坦克

美国『地狱火』机载反坦克导弹

导弹，速度达马赫数 1.55。除车载发射，该导弹主要装备在米-24E"雌鹿"武装直升机上，射程 7～8 千米，垂直破甲深度 800 毫米以上，首发命中率在 90% 以上，性能与"地狱火"相近。

法、德、英等国不甘落后，组成欧洲多国联合反坦克武器发展集团，协力研制两种新一代反坦克导弹。一种是便携式"崔格特"AC3G/MR，用来取代"米兰"；另一种为远程重型反坦克导弹，称为"崔格特"AC3G/LR，用来取代"霍特"反坦克导弹。

第三代反坦克导弹的主要技术特征是"发射后不管"，采用红外成像、激光半主动指令、主动和被动毫米波等制导技术，可以在发射前或发射后锁定目

美国"标枪"反坦克导弹发射瞬间

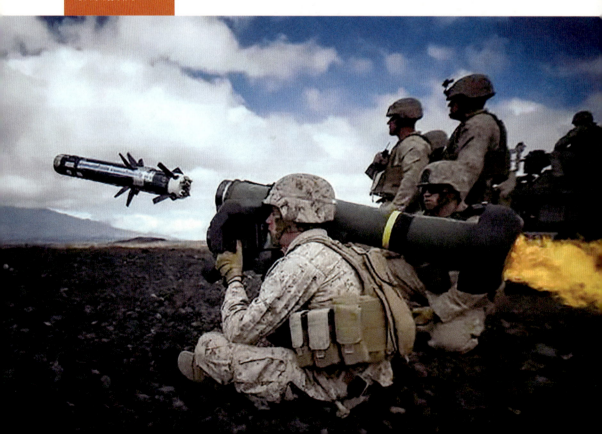

标，如美国的"标枪"、以色列的"长钉"、俄罗斯的"短号"等。第三代反坦克导弹具有发射后自主作战能力，射手只要选定目标，实施发射，导弹就可飞向并命中目标。

"标枪"（Javelin）是美国20世纪90年代研制的轻型反坦克导弹，采用凝视红外成像导引头，士兵发射导弹后可立即隐蔽起来。它比有线制导的"龙"反坦克导弹射程远一倍，达2000米；配有昼夜两用第二代热成像瞄准镜，可在恶劣天候和环境中使用。"标枪"首先装备特种机动部队第82空降师，随后配发到所有步兵分队，"龙"反坦克导弹将逐步淘汰。

"标枪"之所以能"发射后不管"，主要是因为它装了红外成像导引头，能探测出敌方目标所发出的不可见的红外射线，制导系统的核心是一组数字成像芯片。射手使用光学或红外观察器瞄准目标后发射导弹，导引头中的成像芯片能立即捕获到目标电子图像，在飞行途中，其摄像系统会实时获取目标的新图像，并与其存储器内的图像进行匹配。如果目标移动，导弹仍会锁定它直至摧毁。

"标枪"战斗部采用了攻顶的方式，发射后的飞行高度较高，沿着一拱形弹道飞往坦克上空，然后以一定的俯冲角向下射出两级串联式战斗部，攻击坦克顶部。"标枪"战术技术性能：弹长957毫米，弹径114毫米，弹重11.8千克，最大飞行度532米/秒，最大射程1000米；串联式战斗部，破甲厚度750毫米，系统总重量22.5千克。

俄罗斯的第三代反坦克导弹主要有3种型号，它们分别是射程2500米的"短号"-MR、射程5500米的"短号"-LR和射程15000米的"竞技神"。它们都可全天候使用,实现了自动化射击,能同时攻击2个或多个目标。

2001年5月,俄罗斯KBM工程设计局在莫斯科向外界公开展示一种新型远程反坦克导弹——"克利赞塔马"-S。现场有一句广告词格外引人注目,广告称:"如果您的对手有了M1A2或'豹'-2坦克,你现在大可不必妒忌,因为我们所提供的武器,能让您以1/10的代价取得胜利。"

从当场进行的战斗测试看,"克利赞塔马"-S的作战能力确实非同一般。它能轻而易举地穿透采用爆炸反应装甲保护、1000毫米厚的均质钢装甲,而美国制造的M1A2和德国制造的"豹"-2主战坦克披挂装甲最厚的地方也只有700毫米。

俄罗斯KBM工程设计局是苏联最负盛名的反坦克武器研究单位,当年在中东战场大显神威的AT-3反坦克导弹,就是他们的杰作。总设计师费德洛夫热情地向参观者介绍了"克利赞塔马"-S的性能和特点:导弹安装在一辆BMP-3型步兵战车上,车顶的发射装置上有2枚待发弹,通过类似长颈鹿的升降架发射,具有外观轮廓小、隐蔽性强的优势;可进行自动装填,乘员只管坐在车里瞄准射击,车上总共能携带15枚导弹,可保证持续战斗力;战斗部重3.1千克,弹长2.057米,弹径150毫米,最大飞行速度400米/秒,射程6000米。

根据作战需要,"克利赞塔马"-S反坦克导弹系

"克利赞塔马"-S 反坦克导弹发射车

统备有 9M123、9M123F 两种型号的导弹，分别采用不同的战斗部。9M123 型使用串联式高爆反坦克战斗部，能穿透采用爆炸反应装甲保护的 1 米厚的均质钢装甲。如果坦克安装的是反应式装甲，也难不倒"克利赞塔马"-S，因为 9M123 型战斗部前面有一个长 50 毫米的炸高棒（跟避雷针的样子差不多），接触目标时，先由它引爆反应式装甲，然后由主战斗部来收拾残局。9M123F 型则使用燃料空气战斗部，是现代战场上各类电子通信及探测设备的"杀手"。它能在方圆 1～2 千米的范围内产生巨大的压力场，并大量吸收该区域内氧气，既可有效杀伤软目标，还可在不毁坏装备的情况下使敌方坦克乘员致命，号称"冷血屠夫"。更令人惊叹的是，"克利赞塔马"-S 不仅能对付地面装甲车等目标，还能有效打击低空直升机和固定翼飞机，只要把探测系统切换到对空状态即可。

"克利赞塔马"-S 有毫米波雷达制导和激光驾束制导两种制导方式。前者用于攻击远程目标，后者是攻击近程目标的主要瞄准方式，两种方式可以在极短时间内进行切换，导弹的命中率都在 80% 以上。与美国和西欧的同类武器相比，"克利赞塔马"-S 导弹的价格优势也很明显，10 枚导弹配 1 辆 BMP-3 型发射车，总价约 100 万美元。

在第三代反坦克导弹的竞争中，以色列成绩斐然。1995 年，以色列陆军准备淘汰老旧的"龙"反坦克导弹，委托拉菲尔公司研制单兵便携式反坦克导弹。仅用 2 年时间，实力雄厚的拉菲尔公司就拿出了性能超群的产品，被命名为"吉尔"（NT-Gill）反坦克导弹。"吉尔"是世界上第一种"发射后不管"的便携式反坦克导弹，虽然很轻便（弹长 1081 毫米，弹径 127 毫米，发射管重 4.1 千克，弹重 11.8 千克），但威力巨大，最大射程 2500 米，可一弹击穿世界上现役的所有先进的坦克。关键在于"吉尔"采用了一种新型聚能穿甲战斗部，导弹上装有 2 个串联的聚能装药弹头，前装药用于破坏坦克的外挂防护装甲，后装药则用于破坏主装甲。不管导弹与目标间的相对速度和位置如何，两个弹头的穿甲射流都会攻击目标的同一点，不仅能在 2000 米距离上轻易击穿最先进的坦克装甲，还能对坦克内部造成严重毁坏。"吉尔"反坦克导弹的制导方式为光纤制导，作战时，目标图像通过光纤传送给射手，可根据实际情况采用"发射后不管"或"发射后观察"作战模式，操作十分简单，命中率可达 90%。

拉菲尔公司先后研制了 3 种不同型号的反坦克导弹，继"吉尔"之后，又有最大射程 4000 米的"长钉"（Spike），以及最大射程 8000 米的"丹迪"（Dandy）。2002 年，为了出口统一品牌，加强在国际市场上的竞争力，拉菲尔公司宣布将原来 NT 家族更名为"长钉"反坦克导弹家族，共有 4 名成员：①"长钉"-SR，SR 意为短程；②"长钉"-MR，MR 意为中程，也就是原来的"吉尔"；③"长钉"-LR，LR 意为远程，也就是原来的"长钉"（Spike）；④"长钉"-ER，ER 是英文 Extended Range 的字头缩写，意为增程型，也就是原来的"丹迪"。

由于"吉尔"的卓越性能，它不仅为以色列军队所钟爱，而且在国际反坦克导弹市场上风头强劲，甚

"长钉"-SR 发射器

至压倒了"山姆大叔"。2001年7月,荷兰国防部经过反复比较,决定为其特种部队采购以色列拉菲尔公司的"吉尔",共计297个发射架,2400枚导弹,采购金额为1.76亿美元。参与竞标的美国洛克希德·马丁和雷神公司大失所望,他们没想到,两家世界一流公司联合研制的"标枪"居然会输给以色列的"吉尔"。

目前正在研制的第四代反坦克导弹,主要技术特征是采用复合制导,具备自动寻的攻击远程目标和多目标的能力。目前,能列入第四代反坦克导弹的,有美国洛拉尔·沃特系统公司研制的"低成本反装甲导弹"(LOCAAS)和以色列的"长钉"-NLOS。

LOCAAS采用激光雷达制导和多用途战斗部,由微型涡轮喷气发动机推动,可持续飞行30分钟,射程可达180千米。它能够以最低消耗盘旋于战场上空,在50平方千米区域自主搜索和准确攻击装甲

"长钉"-NLOS反坦克导弹

中国版"标枪"——红箭-12反坦克导弹

目标。

NLOS是"长钉"的最新型号,首次把无线通信数据链技术用于反坦克导弹上,使其在命中目标之前,可以随时更改飞行路线和目标,这种能力被称为"人在回路"。它能接收战场一定范围内多种作战平台的指令,如同配备了一台立体化的远程探测雷达。最大射程达25000米,以车载或机载为主。

近年来,中国的反坦克导弹也不断发展,相继研制成功红箭-8、红箭-9、红箭-10、红箭-11、红箭-12等多种型号,红箭-11、红箭-12都属于"发射后不管"的第三代反坦克导弹。